融媒体背景下新闻报道创新与应用实践

何　强◎著

文化发展出版社
Cultural Development Press
·北京·

图书在版编目（CIP）数据

融媒体背景下新闻报道创新与应用实践 / 何强著 .
北京 ：文化发展出版社，2025. 6. — ISBN 978-7-5142-4680-3

Ⅰ . G212.2

中国国家版本馆 CIP 数据核字第 2025DN3949 号

融媒体背景下新闻报道创新与应用实践

何 强 著

责任编辑：周 蕾　　责任印制：杨 骏
责任校对：侯 娜　　装帧设计：墨知缘
出版发行：文化发展出版社（北京市翠微路 2 号 邮编：100036）
网　　址：www.wenhuafazhan.com
经　　销：全国新华书店
印　　刷：北京荣泰印刷有限公司

开　　本：710mm × 1000mm 1/16
字　　数：191 千字
印　　张：16.5
版　　次：2025 年 6 月第 1 版
印　　次：2025 年 6 月第 1 次印刷

定　　价：88.00 元
I S B N：978-7-5142-4680-3

◆ 如有印装质量问题，请电话联系：010-81368098

前　言

在信息爆炸的时代，新闻传播正经历着前所未有的变革。融媒体作为一种全新的传播形态，以其独特的魅力和强大的影响力，成为时代发展的必然选择。本书旨在探讨融媒体时代的新闻传播，为广大新闻从业者、研究者及爱好者提供一本全面、系统的参考资料。在此，我们诚挚地邀请您一同走进融媒体的世界，感受新闻传播的魅力与挑战。

新闻传播是人类社会不可或缺的一部分。从口口相传，到报纸、广播、电视，再到如今的网络、移动终端，新闻传播的载体不断演变，传播方式不断创新。融媒体时代的到来，使得新闻传播呈现出跨平台、跨介质、跨时空的特点，极大地丰富了新闻的表现形式和传播手段。在这个大背景下，新闻从业者如何适应时代潮流，把握发展机遇，成为我们亟待探讨的问题。

本书立足于融媒体时代的背景，从新闻传播的多个维度展开论述。我们不仅分析了融媒体的定义、特征及其对新闻传播的影响，还探讨了新闻采编、叙事方式、生产流程等方面的创新与变革。此外，本书还对融媒体新闻报道的案例、版权与法律问题、商业模式进行了深入研究。希望通过本书的阐述，能够为广大读者提供一种全新的视角，激发更多关于新闻传播的创新思考，共同推动我国融媒体事业的发展。

目　录

第一章　融媒体时代的新闻传播概述

第一节　融媒体的定义与特征

一、融媒体的概念解析

（一）融媒体的基本定义

1. 多媒体融合的概念阐释

融媒体代表着一种新型的媒体生态，它打破了传统媒体之间的界限，通过将各种媒体形式——如印刷、广播、电视和互联网——整合在一起，创造出一个能够提供全方位、多层次、多渠道传播内容的新平台。在这个融合的过程中，不同媒介的特性相互补充，使得信息传递更加高效、精准，并且能够更好地适应受众多样化的需求。多媒体融合不仅限于内容上的结合，还涉及技术、运营模式以及用户交互等多个层面的深度交融。

在融媒体的基本定义中，关键在于“融”字所体现的综合性和互动性，这意味着它不仅仅是多种媒体形态的简单叠加，而且要实现从生产到分发整个链条上的一体化运作。例如，在新闻报道中，记者可能同时利用文字、图片、音频和视频等多种元素来构建故事，而编辑则会根据不同的平台特点对这些素材进行优化配置，以确保每个平台都能发挥其最大优势。此外，技术的进步为这种融合提供了坚实的基础，尤其是移动互联网的发展，让随时随地获取新闻成为可能，同时也促进了社交媒体与新闻媒体之间的深度融合，使公众不仅能消费新闻，还能参与到新闻的生产和传播过程中。

2. 传统媒体与新媒体的结合

在融媒体环境中，传统媒体如报纸、电视和广播不再孤立运作，而是与互联网新媒体融合，形成一个综合性的信息传播平台。通过这个平台，各种形式的内容能够跨越不同的媒介形态进行交互和共享，实现了内容生产的一次采集、多次分发，即所谓的“一次创作，多平台发布”。这一过程不仅提升了新闻报道的速度和广度，而且增加了信息的真实性和深度，因为不同来源的信息可以相互补充和验证。

在融媒体时代，传统媒体与新媒体的结合是双向互动的，一方面，传统媒体利用其长期积累的品牌信誉和专业采编团队，为新媒体提供高质量的内容支撑；另一方面，新媒体则凭借其快速迭代的技术优势和灵活多样的传播渠道，帮助传统媒体拓展影响力范围并吸引年轻一代的受众。两者相辅相成，共同构建了一个更加丰富多元的新闻传播生态。例如，在突发事件报道中，社交媒体可以迅速捕捉公众关注点并及时反馈现场情况，而电视台或报社则能派出记者深入调查，提供更详尽、权威的后续报道，这样的协作使得新闻故事全方位展现，满足了不同层次用户的需求。同时，借助数据分析工具，融媒体还可以精准定位目标群体，根据用户的偏好定制个性化的新闻服务，从而提高了用户黏性和满意度。

（二）融媒体的发展背景

1. 技术进步推动媒体变革

融媒体是一种将传统媒体与新媒体融合的新型传播模式，它打破了以往各类媒介之间相对孤立的状态，通过整合文字、图像、音频和视频等多种信息表达形式，构建了一个多渠道、多功能、跨平台的信息传播体系。在这个体系中，各种媒体资源得以共享和优化配置，不仅提升了新闻内容的丰富性和传播效率，也增强了用户体验的互动性和沉浸感。例如，在报道重大事件时，融媒体可以实时推送文字更新、直播视频流，并提供用户评论区，使公众能够第一时间获取信息并参与讨论。

技术进步是推动融媒体发展的关键力量之一。互联网的普及和移动设备的广泛应用，使得信息传播不再受时空限制，而云计算、大数据分析、人工智能等新兴技术，则为融媒体提供了强大的技术支持。云计算允许媒体机构快速处理海量数据，确保了信息的及时性和准确性；大数据分析帮助了解受众偏好，实现精准推送；人工智能的应用更是让自动化新闻生成、语音识别和智能推荐成为可能。这些技术共同作用，促使新闻生产流程发生深刻变革，从单一的内容创作转向多元化、个性化的信息服务，满足了现代社会对于信息即时性、多样性和深度解读的需求。随着5G网络的到来，超高速率和低延迟特性将进一步拓展融媒体的可能性，如高清视频直播、增强现实（AR）/虚拟现实（VR）体验等，为用户提供前所未有的感官盛宴。

2. 用户需求变化促进融合发展

在探讨融媒体的定义与特征时，我们不得不提及融媒体的发展背景。其中，用户需求的变化是推动融媒体融合发展的重要因素。随着互联网技术的飞速发展，信息传播渠道日益丰富，用户对新闻的需求也发生了深刻变革。以往，用户获取信息的方式较为单一，而如今，他们追求的是个性化、多元化的新闻体验。这种需求的变化，促使传统媒体与新兴媒体相互融合，以满足用户的多样化需求。

在这种背景下，融媒体应运而生。融媒体并非简单的媒体相加，而是一种全新的传播理念和模式。它强调对各类媒体资源的整合利用，通过技术创新，实现内容、渠道、平台、管理等全方位融合。这种融合，使得新闻报道更加立体、多元，能够满足不同用户群体的需求。例如，用户既可以通过手机 App 浏览新闻，也可以在社交媒体上参与话题讨论，甚至通过虚拟现实技术体验新闻现场，这些都是融媒体为用户带来的全新体验。

进一步来看，用户需求的变化对融媒体的发展提出了更高要求。为了吸引和留住用户，融媒体必须在内容生产、传播方式、用户体验等方面进行创新。例如，通过大数据分析用户行为，精准推送个性化内容；利用人工智能技术，提高新闻生产的效率和质量；借助物联网技术，拓宽新闻传播的渠道。这些创新举措，不仅提升了新闻报道的吸引力，也为媒体融合发展注入了新的活力。总之，用户需求的变化是融媒体发展的内生动力，推动着新闻报道不断创新，以适应这个充满变革的时代。

二、融媒体的主要特征

（一）内容生产多元化

1. 文字、图片、音频、视频等多种形式

融媒体环境下的内容生产不再局限于传统的文字表达，而是融合了文字、图片、音频、视频等多种形式，构建了一个多维度的信息传递体系。记者和编辑不仅能够通过文章来讲述故事，还能借助图像的直观性、声音的真实感以及动态影像的吸引力，全方位地展现新闻事件。例如，在报道一场音乐会时，除了描述演出盛况的文字外，还可以插入现场照片捕捉表演者的风采，嵌入音乐片段让读者感受旋律的魅力，或是加入一段采访视频使观众更深入地了解艺术家背后的故事。这种多媒体组合极大地丰富了信息的表现力，为受众提供了更为沉浸式的阅读体验。

在实际操作中，多元化的内容生产也意味着对传统新闻制作流程的革新。为了适应不同媒介特性和用户需求，新闻团队需要更加灵活地调整工作模式，从策划阶段就开始考虑如何整合多种资源，确保最终产出既能满足各平台的要求，又能在视觉、听觉等感官层面上给受众留下深刻印象。同时，随着社交媒体和移动互联网的发展，用户生成内容（UGC）也成为不可或缺的一部分，它们为官方媒体带来了更多元化的视角和素材来源，进一步推动了内容生产的社会化转型。在这种背景下，新闻机构不仅要提升自身的创新能力，还需积极拥抱公众参与，共同打造一个开放共享的传播生态。

2. 用户生成内容的重要性

在融媒体的时代浪潮中，内容生产的多元化成为其显著特征之一。其中，用户生成内容的重要性日益凸显，它打破了传统媒体时代内容生产的壁垒，使得信息传播更加丰富和立体。UGC 的兴起，让普通用户不再只是信息的被动接收者，而是成为内容创造的主体，这种转变极大地丰富了新闻内容的来源和形式。

用户生成内容的重要性在于其独特的视角和鲜活的表达方式。在新闻报道中，专业记者往往注重事实的准确性和报道的客观性，而 UGC 则更多地展现了事件的多元视角和情感色彩。例如，在重大新闻事件发生时，现场目击者随手拍的视频、实时更新的社交媒体动态，都能为新闻报道提供第一手资料，增强新闻的真实感和现场感。这种来自用户的内容，不仅丰富了新闻报道的层次，也提高了用户的参与度和新闻的传播效率。

进一步而言，UGC 的流行促使融媒体平台不断创新内容生产机制。为了更好地整合和利用 UGC，媒体平台开始建立起一套筛选、审核、推广的体系，以确保内容的质量和传播效果。同时，媒体也在探索如何将 UGC 与专业内容生产（PGC）相结合，形成优势互补。这种融合不仅提升了新闻报道的深度和广度，也为用户提供了更加丰富和个性化的新闻体验。在这个过程中，用户生成内容的重要性不仅体现在其本身的价值上，更在于它推动着融媒体内容生产向更加开放、互动和民主化的方向发展。

（二）传播渠道多样化

1. 网络平台、社交媒体、移动应用等渠道整合

融媒体的主要特征之一是传播渠道的多样化，这标志着新闻不再局限于传统的印刷品或广播电视节目。在网络平台、社交媒体和移动应用等新兴渠道的推动下，信息传播的方式和速度都发生了革命性的变化。

网络平台为新闻提供了无限的空间，从官方网站到在线论坛，再到各种内容分享网站，这些平台使得新闻能够以文本、图片、音频、视频等多种形式呈现，满足不同受众的需求。例如，一个突发新闻事件可以在数分钟内通过新闻网站发布，并迅速扩散至全球各个角落。同时，网络平台还支持互动功能，读者可以评论、分享，甚至参与报道，这不仅增加了用户的黏性，也赋予了新闻更多的层次和视角。

社交媒体和移动应用进一步拓宽了新闻传播的路径。它们将新闻直接带入个人的生活场景中，让用户随时随地获取最新的资讯。微博、微信等社交平台上的用户既是信息的消费者也是生产者，他

们可以通过简单的操作转发新闻，形成病毒式传播效应。移动应用则凭借其便捷性和个性化服务吸引了大量用户，新闻机构通过开发专属 App，可以根据用户的兴趣推送定制化的内容，实现精准传播。另外，直播功能允许观众实时观看新闻事件的发展，增强了新闻的真实感和现场感。这种多渠道整合不仅丰富了新闻的表现形式，也为新闻从业者带来了新的挑战和机遇，促使他们在快速变化的媒体环境中不断创新求变。

2. 实现跨平台、多终端的信息传递

在融媒体环境中，实现跨平台、多终端的信息传递是传播渠道多样化的一个重要体现。随着互联网技术的不断进步，新闻不再受制于单一媒介或设备，而是能够在多个平台上无缝流动。例如，一条新闻报道可以从报社的官方网站开始，随后通过微博、微信公众号等社交平台进行扩散，再经由今日头条、腾讯新闻等聚合类应用触达更广泛的受众。这种跨平台传播不仅扩大了信息的覆盖面，也加速了信息的流通速度。用户无论是在电脑前浏览网页，还是在手机上刷社交媒体，甚至是在智能电视上观看视频，都能获取到同一新闻事件的不同版本和角度。

多终端的支持意味着新闻可以适应不同设备的显示特点和技术要求，提供优化后的阅读体验。对于移动设备而言，新闻机构会特别注重内容的简洁性和快速加载能力，以适应移动网络环境和用户的碎片化时间。而对于桌面端，可能会提供更多详尽的数据分析、长篇文章以及互动图表等内容，满足用户深入探究的需求。智能穿戴设备如智能手表和平板电脑等也逐渐成为新的新闻消费终端，它们对信息展示提出了更加个性化的要求。为了确保信息能在这些不同的终端上有效传达，新闻从业者必须考虑如何调整内容格式，采用响应式设计，使内容能够自适应各种屏幕尺寸，并且保证在不同操作系统上的兼容性。通过这种方式，融媒体实现了从内容生产到分发的全链条创新，让信息无处不在地伴随用户的生活轨迹。

三、融媒体的技术支持

（一）互联网技术的应用

1. 云计算提供强大计算能力

在融媒体的架构中，互联网技术扮演着至关重要的角色，其中云计算的应用为融媒体提供了强大的计算能力，成为推动新闻传播创新的关键技术支撑。云计算的普及，使得数据处理和存储能力得到了极大的扩展，这对于处理海量新闻数据和实现个性化内容推荐具有重要意义。

云计算技术的核心优势在于其弹性和可扩展性。在新闻传播领域，云计算能够迅速响应数据处理的请求，无论是实时的新闻直播，还是大规模的用户数据分析，云计算都能提供稳定而高效的服务。这种能力使得新闻机构能够更加专注于内容创作和新闻价值的挖掘，而无须过多担忧技术层面的限制。例如，在突发新闻事件发生时，云计算可以迅速调配资源，支持新闻机构进行实时报道，确保信息的快速传递。

云计算的应用还推动了新闻报道模式的创新。通过云计算平台，新闻机构可以实现对大数据的深度挖掘和分析，从而揭示数据背后的新闻故事。这种基于数据的新闻报道，不仅提高了新闻的客观性和准确性，也增强了新闻的吸引力和说服力。同时，云计算还支持跨地域的数据共享和协作，使得不同媒体机构之间能够高效地整合资源，共同打造高质量的新闻报道。在这个过程中，云计算不仅是技术手段的升级，更是推动融媒体新闻报道向智能化、个性化方向发展的强大动力。

2. 大数据助力精准内容推荐

在融媒体环境中，互联网技术的应用极大地改变了新闻传播的模式和效率。大数据作为其中的关键力量，对精准内容推荐起到了不可或缺的作用。通过收集和分析海量的用户行为数据，包括浏览历史、停留时间、互动频率等，新闻平台能够描绘出详细的用户画像。这些画像不仅反映了用户的兴趣偏好，还揭示了他们未被满足的信息需求。基于这样的洞察，新闻机构可以提供更加个性化的内容推荐，确保每一位用户接收到的都是最符合其口味的信息。例如，一个经常关注科技新闻的读者可能会在自己的新闻应用中看到更多关于人工智能、区块链或是最新电子产品评测的文章，而喜欢体育赛事的用户则会收到有关比赛结果、运动员访谈以及幕后故事的推送。

大数据驱动的精准内容推荐不仅仅是简单的信息匹配过程，它还涉及复杂的算法优化和机器学习模型的迭代更新。为了提高推荐的准确性和相关性，新闻平台不断调整算法参数，以适应快速变化的用户喜好和技术环境。随着用户与平台之间的交互加深，系统能够学习到更细微的行为模式，从而实现更为智能的推荐。同时，这种技术进步也推动了新闻生产方式的革新，编辑团队可以根据数据分析的结果来规划选题方向和内容策略，甚至提前预测热点话题的趋势。这使得新闻报道不再仅仅依赖于记者的经验判断，而是结合了科学的数据分析，创造出既贴近现实又富有前瞻性的内容。通过大数据的支持，融媒体实现了从“人找信息”到“信息找人”的转变，为用户提供了一种全新的阅读体验。

（二）新兴技术的融入

1. 人工智能提升编辑效率

在融媒体时代，人工智能技术的融入为新闻传播领域带来了前所未有的变革。人工智能，作为一种模拟、延伸和扩展人类智能的理论、方法、技术及应用系统，正逐步渗透到新闻生产的各个环节。特别是在编辑环节，人工智能技术的应用大大提升了编辑效率，使得新闻内容的生产更加快速、精准。

人工智能在编辑环节的应用主要体现在以下几个方面：一是智能纠错。通过对海量数据的分析，人工智能能够快速识别文章中的错别字、语病等问题，并及时进行修正，提高文字的准确性。二是智能推荐。人工智能可以根据用户需求和兴趣，为编辑推荐相关素材、话题和热点，提高新闻选题的针对性。三是智能排版。人工智能可以根据文章内容，自动生成合适的版式，使新闻呈现更加美观、易读。

人工智能在新闻编辑领域的应用还体现在对海量数据的挖掘与分析上。通过对用户行为、热点事件、舆论走向等数据的实时监控，人工智能可以帮助编辑快速捕捉新闻线索，提高新闻报道的时效性。同时，人工智能还能根据数据分析结果，为新闻传播策略提供有力支持，实现新闻内容的个性化推送，满足用户多样化需求。在这一过程中，人工智能不仅提升了编辑效率，还为新闻传播的创新发展注入了新的活力。

2. 虚拟现实和增强现实创造沉浸式体验

虚拟现实和增强现实技术的融入，为融媒体时代的新闻报道开辟了全新的维度。通过构建沉浸式的体验环境，这两种技术让用户不再是被动的信息接收者，而是能够身临其境地参与到新闻事件中。

例如，在报道自然灾害或重大体育赛事时，VR 技术可以创建一个三维的虚拟场景，使观众仿佛置身于现场之中，亲身体验事件的发展过程。这种深度参与感不仅提高了公众对新闻内容的兴趣，也增强了信息的理解和记忆。同时，VR 和 AR 的应用还突破了传统媒体在空间和时间上的限制，让历史时刻或遥远地点的报道变得触手可及。

AR 技术则更进一步，它将数字信息叠加到真实世界的视图上，创造出一种混合现实的效果。新闻机构利用 AR 可以在用户扫描特定图片或标志时，即时呈现相关的背景资料、视频片段或互动元素。这不仅增加了新闻报道的趣味性和互动性，也为教育和科普提供了新的途径。比如，在博物馆或历史遗迹参观时，游客可以通过智能手机或专用设备获取展品背后的故事，了解文物的历史价值。此外，AR 还可以用于城市导览、产品展示等场合，为用户提供实时的信息服务。随着这些新兴技术的不断成熟和普及，它们正在改变人们获取和理解新闻的方式，促使媒体行业不断创新，探索更多的应用可能性。

第二节　融媒体对新闻传播的影响

一、信息传播速度加快

（一）即时性成为常态

1. 新闻事件发生后迅速发布

在融媒体时代，信息传播的速度得到了前所未有的提升，即时性已成为新闻报道的新常态。当一个新闻事件发生时，融媒体平台能够迅速捕捉到信息源，并在短时间内完成编辑、审核、发布等一系列流程。这种速度的提升，使得受众能够在第一时间了解到事件的最新进展，极大地满足了人们对信息及时性的需求。例如，在突发事件发生时，微博、微信等社交平台可以实时推送消息，让用户迅速获取资讯，这种即时性不仅提高了新闻报道的时效性，也为舆论引导提供了有力支持。

在此基础上，新闻传播的即时性还带来了报道方式的变革。传统的新闻报道往往侧重于事件的回顾和分析，而在融媒体环境下，记者可以通过直播、短视频等形式，将现场情况实时传递给受众。这种“现场感”的增强，不仅让新闻报道更加生动、立体，也使得受众能够更加直观地感受到事件的紧迫性，从而增加对新闻事件的理解和关注。在这一过程中，融媒体对新闻传播的影响日益显现，推动着新闻报道不断创新，以适应这个快速变化的时代。

2. 实时更新保持信息新鲜度

在融媒体环境下，信息传播速度的显著提升改变了新闻报道的传统模式。即时性已经成为常态，新闻机构必须快速反应以满足公众对最新资讯的需求。如今，当重大事件发生时，记者们不再受限于传统的编辑流程和播出时间表，而是借助互联网的力量，在数分钟内将初步信息传递给全球受众。社交媒体平台、新闻网站以及移动应用成为这一变革的关键推动力量，它们允许新闻内容迅速发布，并且不受地理位置或时间限制。例如，在一次自然灾害发生后，目击者可以通过手机立即上传图片或视频至网络，媒体机构则能快速整合这些素材进行报道，确保了信息的第一时间传播。

实时更新是保持信息新鲜度的重要手段，它不仅让受众能够紧跟事件的发展，也增强了新闻报道的透明度和可信度。随着技术的进步，如 5G 网络的普及和直播功能的广泛应用，新闻机构可以为观众提供不间断的现场报道。这使得读者和观众不再是被动的信息接收者，而可以参与到新闻事件的讨论中来，甚至直接与前线记者互动交流。这种动态的信息流有助于消除误解和谣言，同时也促使新闻工作者不断更新和完善报道内容。通过持续跟进，媒体能够在复杂多变的情境下，为公众提供最准确、最全面的解读，从而更好地履行社会责任，服务于社会公共利益。

（二）缩短新闻周期

1. 快速反应机制应对突发新闻

信息传播速度的加快对新闻传播产生了深远影响，尤其是在缩短新闻周期方面表现得尤为明显。面对突发新闻，融媒体凭借其快速反应机制，实现了信息的即时传播，极大地提升了新闻报道的时效性。在这种背景下，新闻工作者须时刻保持敏锐的洞察力，充分利用融媒体的传播优势，确保在第一时间将最新、最准确的信息传递给受众。这不仅是对新闻传播速度的一次革命，更是对新闻报道模式的一次创新。

随着新闻周期的缩短，快速反应机制在应对突发新闻中的作用越发凸显。融媒体平台通过整合各类资源，实现了文字、图片、视频等多种形式的同步传播，使得新闻报道更加立体、全面。在这种机制下，新闻工作者能够迅速捕捉到事件的最新动态，并通过多渠道、多角度进行报道，满足了受众对信息的需求。同时，这也对新闻从业者提出了更高的要求，如何在保证速度的同时，确保新闻的准确性和深度，成为摆在面前的一大课题。

2. 持续跟进确保信息连贯性

传统媒体时代，新闻报道从事件发生到最终发布往往需要经历一个较为固定的时间周期，这个过程中包括了信息收集、编辑加工和排版印刷等环节。然而，在融媒体背景下，随着互联网技术的发展和移动设备的普及，新闻报道几乎可以实现实时更新。当突发事件发生时，记者们能够迅速通过社交媒体平台或直播软件将第一手资料传递给公众。这种即时性不仅让受众第一时间了解事件动态，也迫使新闻机构必须建立快速反应机制，以适应瞬息万变的信息环境。

为了确保信息连贯性和准确性，持续跟进成为融媒体时代新闻报道的重要组成部分。由于新闻事件的发展往往是非线性的，新的事实和细节不断浮现，这就要求媒体不仅要快速捕捉初始信息，还要有能力进行后续报道，为公众提供完整的事件脉络。例如，在重大灾难报道中，初期可能只有有限的信息可供分享，但随着救援工作的展开，更多具体数据和故事逐渐清晰。媒体需要保持对事件的高度关注，及时更新报道内容，补充最新进展，并纠正可能出现的误解。同时，通过多媒体手段如视频回放、图片集锦以及互动图表等方式，增强报道的直观性和说服力，帮助公众更好地理解复杂事件全貌。这样的持续报道模式有助于维护公众的信任，同时也提升了新闻的价值和影响力。

二、受众参与度提高

（一）互动评论功能丰富

1. 用户可以在平台上直接发表看法

在融媒体环境中，新闻报道不再是一场单向的信息传递，而是演变成一个多维度的互动平台。用户能够即时地对新闻事件发表自己的见解和感受，这种互动性极大地增强了受众的参与度。通过各大媒体平台提供的评论区，公众可以直接参与到话题讨论中来，这不仅为普通民众提供了一个表达观点的空间，也使得新闻机构能够更直接地倾听来自基层的声音。每一个评论都像是一个微小的信号，它们汇聚在一起，形成了对新闻事件更为全面的理解。新闻机构可以利用这些反馈来调整报道的角度，深化报道的深度，甚至改变某些议题的走向。例如，在一些社会热点问题上，用户的评论可能揭示出更多未被注意到的细节或不同的视角，促使记者进一步挖掘事实真相，从而实现更加公正、客观的报道。

随着技术的发展，互动评论的功能也在不断丰富和完善。除了传统的文字评论外，现在还支持图片、视频等多种形式的内容分享，这让用户的表达方式变得更加多样化。多媒体元素的加入，使得交流不再局限于语言文字，人们可以通过更加直观的形式来传达复杂的情感和信息。同时，社交网络的整合也使得评论的传播范围更广，影响力更大。一条精彩的评论可能会被大量转发，进而引发更广泛的讨论和社会关注。这样的互动模式不仅增加了新闻的趣味性和吸引力，也为公共舆论的形成提供了新的土壤。当更多的声音被听到，当更多的意见得以交流，融媒体时代的新闻传播便真正实现了从“告知”到“对话”的转变，构建起一个更加开放和多元的公共话语空间。

2. 编辑部与读者之间建立双向沟通

在融媒体浪潮的推动下，互动评论功能的蓬勃发展，为新闻传播领域带来了一场深刻的交流革命。这一功能不仅为读者提供了一个即时反馈的平台，也让编辑部能够直接聆听来自受众的声音。在这种双向沟通的模式下，编辑部不再是信息的单向传递者，而是变成了对话的发起者和参与者。读者在评论区留下的每一条留言，都可能成为编辑部调整报道角度、深化报道内容的灵感来源，这种互动性不仅增强了新闻报道的针对性和时效性，更在无形中构建了一种新型的编辑与读者关系，使得新闻报道更加贴近民心，更具有社会影响力。这种编辑部与读者之间的双向沟通，不仅仅是一种简单的信息交流，它还催生了一种全新的新闻生产模式。在这种模式下，读者的意见和需求被更加重视，新闻报道不再是编辑部单方面的产物，而是变成了一个集体智慧的结晶。这种深度的互动，不仅提高了受众的参与感和满意度，也为新闻报道的创新提供了源源不断的动力，使得新闻传播在融媒体的环境中焕发出更加旺盛的生命力。

（二）个性化定制服务

1. 根据用户偏好推送定制化内容

媒体平台通过大数据分析和人工智能算法深入了解用户的行为模式与兴趣偏好，从而为每个用户提供高度定制化的新闻内容。这种个性化服务不仅限于简单的分类推荐，它涉及对用户日常浏览习惯、社交网络互动以及过往搜索记录等多维度数据的综合考量。例如，一位对科技动态有着浓厚兴趣的用户，在早晨打开新闻应用时，将优先接收到有关最新科技成果、行业趋势分析以及相关企业动向的文章或视频片段。与此同时，系统还会根据其阅读时间、点赞评论等反馈进一步调整推送策略，确保内容既符合用户的口味又能够持续吸引其注意力。

随着技术的进步，个性化定制服务已经从静态的内容选择进化到动态的用户体验构建。新闻媒体不仅仅是提供信息，更是在创造一个个性化的资讯环境，让用户沉浸在为其量身打造的信息流中。在这个环境中，用户不仅可以获取定制化的内容，还能参与到内容的生产与传播过程中。他们可以通过社交媒体分享自己感兴趣的报道，甚至直接参与到新闻故事的发展中，如通过投票决定后续报道的方向或参与线上讨论提出自己的见解。这种深度的互动不仅增强了用户的黏性和忠诚度，还促进了社群文化的形成，使新闻传播成为连接个体与社会的桥梁。同时，媒体机构也从中受益，因为高度参与的受众群体意味着更高的流量和更多的商业合作机会，进而推动整个新闻行业的创新发展。

2. 提供多样化的阅读选择以满足不同需求

个性化定制服务模式的核心在于提供多样化的阅读选择，以满足不同受众的个性化需求。新闻平台通过精准的数据分析和用户行为研究，能够为用户推荐符合其兴趣和阅读习惯的内容，从而打破了传统媒体时代“一刀切”的信息供给模式。这种个性化的内容推送，不仅极大地丰富了用户的阅读体验，也让新闻信息的传递变得更加高效和精准。用户可以根据自己的喜好、职业背景甚至是生活节奏，选择新闻的呈现形式、报道深度和更新频率，这种定制化的服务，让新闻报道真正做到了以人为本，以用户需求为导向。

随着技术的不断进步，个性化定制服务已经从简单的新闻推荐，发展到包括视频、音频、图文等多种形式的全方位内容服务。用户可以在通勤路上通过音频新闻了解最新动态，也可以在闲暇时光深入阅读专题报道，甚至在观看视频的同时，参与实时评论互动。这种多样化的阅读选择，不仅满足了用户在信息获取上的便捷性和个性化需求，更在无形中提升了用户对新闻内容的黏性，增强了用户与新闻平台之间的互动和联系。在这个过程中，新闻报道不再是单一的信息传递，而是一种与用户生活紧密相连的服务，这种服务理念的创新，为新闻传播的未来发展开辟了新的路径。

三、新闻生态系统的重塑

（一）媒体边界模糊化

1. 传统媒体与新媒体之间的界限逐渐消失

随着互联网技术的发展和移动设备的普及，信息传播不再局限于传统的印刷品或广播电视等单一平台。相反，各种媒介形式开始相互融合，形成了一个多元化的传播环境。例如，报纸不再仅仅是纸质的读物，许多报社建立了自己的网站、社交媒体账号以及手机应用程序，实现了多渠道的内容分发。这种融合不仅让受众获取新闻的方式更加多样化，同时也促使新闻生产者必须适应新的工作流程和技术工具，以满足不同平台的需求。

传统媒体与新媒体边界的消失还体现在内容制作和互动方式上。新闻机构不再仅仅扮演信息提供者的角色，而是转型为社区构建者和服务提供商。通过引入用户生成内容、实时评论功能以及个性化推荐算法，媒体组织能够建立更紧密的读者关系，并根据反馈快速调整报道策略。同时，记者们也开始利用社交网络进行素材收集和故事挖掘，这使得新闻来源更加广泛且多元化。此外，虚拟现实、增强现实等新兴技术的应用，更是打破了传统叙事结构，带来了沉浸式体验的新可能，进一步模糊了媒体间的固有边界。在这个过程中，新闻传播从单向的信息传递转变为双向甚至多向的交流互动，重塑了新闻生态系统的面貌。

2. 各类媒体资源相互补充形成合力

在融媒体的时代背景下，新闻生态系统的重塑呈现出一种媒体边界模糊化的趋势，这一变化主要体现在各类媒体资源的相互补充和融合上。传统媒体与新兴媒体的界限不再分明，报纸、电视、广播与网络、社交媒体等平台之间的资源共享和内容互链，形成了一种全新的新闻传播格局。在这种格局下，不同媒体形式的优势得以相互叠加，例如，电视媒体的视觉冲击力、广播媒体的即时传播性、网络媒体的互动性和深度报道能力，都在融合中得到了充分的发挥和强化。这种资源的相互补充，不仅丰富了新闻内容的呈现方式，也提升了新闻报道的整体质量和传播效果，使得新闻传播更加立体、多元、高效。

这种媒体边界的模糊化，还催生了一种全新的合作模式，即不同媒体之间不再是竞争关系，而是转变为合作伙伴，共同致力于新闻价值的挖掘和传播。在这种模式下，各类媒体资源相互借力，形成了一种合力效应，比如，一项重大新闻事件，可以通过电视直播进行实时报道，同时，网络平台提供深度分析和互动讨论，而社交媒体则负责快速传播和舆论引导。这种跨媒体、跨平台的合作，不仅提高了新闻报道的覆盖面和影响力，也为受众提供了更加全面、深入的新闻解读，从而在新的新闻生态系统中，实现了媒体资源的最大化利用和新闻价值的最大化传播。

（二）行业竞争加剧

1. 内容同质化挑战原创力

随着互联网技术的迅猛发展，信息传播渠道越发多样化，传统媒体与新媒体之间的界限逐渐模糊。这种变化使得新闻内容的生产、分发和消费模式都发生了深刻变革。特别是在行业竞争方面，融媒体环境加剧了媒体间的激烈竞争。一方面，大量的新媒体平台如雨后春笋般涌现，它们凭借快速的内容更新和便捷的用户体验吸引了众多用户；另一方面，传统媒体也在积极转型，力求在网络空间中找到新的立足点。这种竞争不仅体现在获取受众注意力上，更在于如何提供独特且有价值的内容以区别于其他竞争对手。

内容同质化是当前新闻行业中一个显著的问题，它直接挑战了媒体的原创力。当各种媒体平台为了争夺有限的市场资源而不断推出相似的报道时，读者很容易感到审美疲劳，进而转向寻求更加个性化和差异化的信息来源。对于媒体而言，解决这一问题的关键在于深化内容挖掘，提高新闻的专业性和深度。融媒体环境下，数据和技术成为重要的辅助工具，通过精准的数据分析，可以更好地理解受众需求，为用户提供定制化的新闻服务。同时，利用多媒体手段丰富报道形式，如视频直播、互动式图表等，也是增强内容吸引力的有效途径。媒体机构还需加强跨领域的合作，整合资源，共同打造具有特色的品牌栏目或专题报道，以此来提升自身的竞争力并激发行业的创新活力。

2. 寻求差异化竞争优势

在融媒体环境下，新闻生态系统的重塑不仅带来了媒体边界的模糊化，同时也加剧了行业内的竞争。为了在这场激烈的竞争中脱颖而出，各大媒体纷纷寻求差异化竞争优势，以期在多元化的市场格局中占据一席之地。这种差异化策略体现在多个层面，从内容创新到技术革新，从服务升级到品牌塑造，媒体机构通过不断探索和尝试，力图打造出独一无二的品牌形象和不可复制的核心竞争力。例如，一些媒体专注于深度调查报道，以独家视角和深度分析赢得受众的信赖；另一些媒体则可能通过技术创新，如利用人工智能、大数据等手段，提供个性化的新闻推荐服务，以此来吸引特定的用户群体。这种差异化竞争，不仅推动了新闻报道质量的提升，也促进了整个行业向更加专业化和细分化的方向发展。

在这种竞争态势下，媒体机构开始更加注重自身特色的挖掘和强化，通过精准定位和特色服务来巩固和扩大市场份额。例如，一些地方性媒体深耕本土文化，以地方新闻和社区服务为抓手，建立起与当地居民紧密的情感联系；而国家级媒体则可能凭借其资源和品牌优势，聚焦国际视野，提供高质量的全球新闻报道。这种多元化的竞争格局，不仅为受众提供了更加丰富和多样的新闻选择，也促使整个新闻行业不断进行自我革新，以适应不断变化的市场需求和技术进步，从而在融媒体时代保持旺盛的生命力和持续的发展动力。

第三节　融媒体时代新闻传播的新趋势

一、智能化发展

（一）智能算法驱动的内容分发

1. 基于用户行为分析进行个性化推荐

在融媒体时代，智能算法成为新闻内容分发的重要引擎，它改变了传统媒体单向传播的模式，实现了从“人找信息”到“信息找人”的转变。通过收集和分析用户的浏览习惯、兴趣偏好、社交互动等多维度数据，智能算法能够构建出精准的用户画像，进而提供高度个性化的新闻推荐服务。这种个性化不仅体现在对用户偏好的迎合上，更在于它能挖掘用户的潜在需求，将那些用户可能感兴趣但未曾主动搜索的信息推送出来，大大提升了信息获取的效率与质量。例如，一些新闻平台利用机器学习技术预测用户的阅读倾向，提前为用户准备他们可能会关注的新闻报道，使得用户体验更加流畅。

智能算法驱动的内容分发还在重塑新闻行业的生态链。它促使媒体机构重新思考内容生产的流程和方式，鼓励生产更多元化、更贴近受众需求的新闻产品。随着算法技术的进步，媒体可以实现24小时不间断的内容更新和服务，即时响应全球发生的重大事件。同时，算法也促进了跨平台、多媒体融合的发展，让文字、图片、视频等多种形式的新闻内容能够根据用户的设备和场景进行适配，提供最适宜的消费体验。不仅如此，智能算法还帮助媒体公司优化广告投放策略，提高广告与内容的相关性，增强商业变现能力，从而形成一个良性循环，推动整个新闻行业向智能化方向发展。

2. 提升用户体验和黏性

智能算法通过个性化推荐和优化用户体验，显著增强了用户的新闻消费黏性。在融媒体环境中，媒体平台利用先进的数据分析技术，深入理解用户行为模式，确保每位用户都能获得最符合个人兴趣的新闻内容。这不仅提高了用户对平台的依赖度，也增加了他们与内容互动的可能性。例如，通过智能算法预测用户可能感兴趣的新闻主题，平台可以在恰当的时间推送相关报道，使用户感到信息获取既及时又贴心。这种精准的服务让用户更愿意花费时间在平台上浏览更多内容，进而促进了用户活跃度和参与度的提升。

为了进一步提升用户体验，融媒体平台还结合了社交元素和多媒体特性。智能算法不仅仅局限于文字内容的分发，它同样适用于视频、音频等富媒体形式的内容推荐。用户不仅能接收到定制化的新闻文章，还能体验到动态视觉故事或播客形式的深度报道。此外，算法支持下的社区功能允许用户分享、评论以及创建自己的内容，形成一个互动性强、充满活力的用户社群。这种高度个性化的互动体验不仅加强了用户之间的联系，也为媒体平台带来了更多的用户贡献内容，形成了一个积极反馈循环，持续吸引新老用户，巩固了平台的市场地位。

（二）机器人写作与自动化编辑

1. 自动撰写简讯和数据报告

机器人写作与自动化编辑技术的兴起，标志着新闻行业步入了一个全新的自动化纪元。通过自然语言处理（NLP）和机器学习算法的支持，机器人能够快速处理大量数据，并自动生成简讯和数据报告等文本内容。这些自动化工具能够在几秒钟内完成从数据分析到文章撰写的全过程，不仅大大提高了新闻产出的速度，还确保了信息的准确性和时效性。对于体育赛事、股市变动、天气预报等高度依赖数据更新的领域，机器人可以即时生成简洁明了的报道，为用户提供最新鲜的第一手资讯。

不仅如此，机器人写作与自动化编辑正在改变新闻内容生产的模式。传统上需要记者耗费大量时间进行的数据收集和初步分析工作，现在可以通过编程好的算法自动完成。这使得记者们可以从繁重的基础工作中解脱出来，将更多的精力投入到深度调查、故事挖掘以及创造性写作中。同时，自动化编辑还能根据不同的平台需求调整内容格式，比如适应社交媒体的短小精悍风格或是满足长篇阅读体验的需求。另外，随着人工智能技术的不断进步，机器人写作的能力也在持续增强，未来有望承担更加复杂的内容创作任务，甚至参与到新闻选题策划和创意构思的过程中，进一步拓展新闻报道的形式和边界。

2. 辅助记者完成复杂任务

在融媒体时代，新闻业的智能化发展正以前所未有的速度推进，机器人写作与自动化编辑技术的应用为这一进程注入了新的活力。

随着算法和人工智能的进步，机器人不再只是简单的信息搬运工，它们能够理解上下文，根据预设的规则生成符合语法的文章，并且可以根据不同的受众定制内容。例如，在体育赛事报道中，机器人可以实时处理大量数据，如比分变化、运动员表现等，快速产出即时性的新闻报道。这些报道不仅包含客观事实，还能融入历史对比和趋势分析，使读者获得更深入的信息解读。同时，机器人写作系统还能够通过学习过往的优秀作品，模仿特定写作风格，为不同类型的新闻提供一致而又个性化的叙述方式。

机器人写作与自动化编辑技术也在辅助记者完成复杂任务方面展现了巨大潜力。面对海量的信息源和紧迫的时间要求，记者们需要有效的工具来帮助他们筛选和组织信息。智能编辑系统可以协助记者在几分钟内从浩瀚的数据海洋中提取出有价值的内容，从而大大提高工作效率。不仅如此，这类系统还可以进行多语言翻译、自动校对以及格式调整，确保稿件的质量和一致性。更重要的是，智能化工具可以通过分析社交媒体上的公众讨论热度，帮助记者识别潜在的故事线索或热点话题，进而指导选题策划。另外，借助自然语言处理技术，自动化编辑能够评估文章的情感倾向，帮助优化文本以更好地吸引目标读者群体，使得最终发布的新闻产品既具有时效性又富有吸引力。这种人机协作的新模式正在重塑新闻生产的流程，推动新闻行业向更加高效、精准的方向转型。

二、社交化传播

（一）社交媒体作为重要传播节点

1. 利用微博、微信等社交平台扩大影响力

微博、微信等平台因其庞大的用户基础和即时互动性，为新闻

媒体提供了一个前所未有的广阔舞台。这些社交平台允许内容创作者直接与受众建立联系，绕过了传统媒体的层层筛选机制，使信息能够在瞬间传遍全球。例如，微博上的热点话题能够迅速吸引公众注意，形成舆论焦点，促使更多人参与到讨论中来。这种即时性和广泛参与度极大地增强了新闻报道的影响力，使得即使是小众话题也能找到自己的听众群体。同时，社交媒体的算法推荐系统可以根据用户的兴趣爱好精准推送内容，进一步提高了信息传播的有效性和针对性。

新闻机构开始重视并积极融入社交媒体生态，将之作为提升自身影响力的重要手段。通过创建官方账号，发布原创内容或转载重要文章，媒体不仅能够保持与读者的紧密联系，还能借助社交平台的分享功能实现二次甚至多次传播。更重要的是，社交媒体为新闻报道带来了全新的互动模式。评论区成为公众表达意见的空间，点赞、转发等功能则反映了人们对特定话题的态度。这不仅是对传统新闻反馈机制的一次革新，也促进了媒体与公众之间的双向交流。媒体可以依据这些反馈调整报道方向，更加贴合受众需求。此外，社交媒体上活跃的用户生成内容也为新闻素材提供了丰富的来源，激发了更多的创意和视角，推动了新闻报道形式的多样化发展。特别是在突发新闻事件中，社交媒体上的目击者报告往往能第一时间传递现场情况，弥补了专业记者无法立刻到达现场的不足，展现了社交化传播的独特价值。

2. 构建社群文化促进信息扩散

信息的产生、分享和消费都围绕着这些平台展开，形成了一个动态且交互的生态系统。用户不再仅仅是信息的接收者，他们也成为内容创造者和传播者。社交媒体上的互动机制，例如点赞、评论和分享，赋予了普通用户影响信息流动的力量。这种去中心化的传播模式使得信息能够以更快速度触及广泛的受众，并且通过用户的自发参与，新闻故事可以得到更多的曝光和讨论。社交平台特有的算法推荐系统也在这个过程中起到了推波助澜的作用，它们根据用户的兴趣和行为模式精准推送内容，进一步促进了信息的个性化扩散。

社群文化是社交媒体中信息扩散的核心驱动力之一。当特定的兴趣群体聚集在一起时，就会形成具有共同价值观和目标的社群。这些社群内部成员之间的紧密联系为信息的迅速传播提供了理想的环境。社群成员往往对彼此有高度的信任感，因此来自社群内的信息更容易被接受和转发。品牌或媒体如果想要有效地利用这一点，就需要深入理解并融入社群文化，通过创建有价值的内容来吸引社群的关注和支持。例如，一些成功的媒体机构已经开始采用“社群编辑”的角色，专门负责与社群互动，倾听他们的声音，并据此调整报道方向。这种方式不仅增强了用户黏性，还使得新闻报道更加贴近受众需求，从而实现了信息的有效传递和广泛扩散。同时，社群文化的建设也有助于培养忠实的用户基础，为长期的品牌建设和市场拓展奠定坚实的基础。

（二）网络红人（KOL）与意见领袖的作用

1. 通过知名博主或网红推广内容

网络红人与意见领袖凭借其庞大的粉丝基础和高度的个人魅力，在信息传递中扮演着越来越重要的角色。他们通过自身构建的社交媒体平台，如微博、抖音、B 站等，将个性化的内容呈现给受众，这种模式不仅打破了传统媒体单向传播的格局，还实现了与受众之间的深度互动。例如，知名博主李佳琦以其独特的带货直播风格吸引了大量粉丝关注，他的推荐往往能直接影响消费者的选择，甚至左右产品的市场表现。这种现象表明，在融媒体时代，网络红人和意见领袖已经成为不可忽视的传播力量。

网络红人和意见领袖的影响力不仅仅局限于娱乐领域，它们同样在公共事务和社会议题上发挥着重要作用。当涉及社会热点事件时，这些具有影响力的个体能够迅速集结起一群志同道合的追随者，形成强大的舆论场。以环保议题为例，一些环保领域的 KOL 通过分享专业知识、组织线上线下活动等方式，激励了更多普通民众参与到环境保护的实际行动中。他们利用自身的号召力，促进了正面的社会变革。同时，随着算法推荐机制的发展，这些意见领袖发布的内容更容易被精准推送至有相关兴趣的用户面前，进一步增强了信息传播的效果。由此，我们可以看到，在融媒体背景下，网络红人和意见领袖正逐渐成为连接公众与多元信息的重要桥梁，他们的存在为新闻报道带来了前所未有的创新与发展机遇。

2. 引导公众舆论和社会话题讨论

在网络时代，社交平台的兴起赋予了每个人成为信息传播节点的能力，而网络红人与意见领袖凭借其独特的个人魅力、专业背景或特定领域的深入见解，成为公众关注的焦点。他们不仅拥有庞大的粉丝群体，还能够通过自己的影响力引导社会话题的发展方向。当涉及热点事件时，KOL 和意见领袖的声音往往能迅速引发公众的关注，并在短时间内形成广泛的社会讨论。例如，在一些公共政策出台之际，活跃于社交媒体的意见领袖能够将复杂的政策条文转化为通俗易懂的内容，帮助普通民众更好地理解政策意图及其潜在影响。这种转化过程不仅是信息传递的过程，更是知识普及和教育的过程。

KOL和意见领袖对公众舆论和社会话题的塑造力不可小觑。他们利用自身影响力参与公共议题，可以有效地推动某些问题进入公众视野，甚至促使政府和企业采取行动。比如，环保运动中，知名博主可以通过分享个人经历、发布实地考察视频等方式，唤起人们对环境问题的重视，激励更多人参与到保护自然环境的实际行动中来。同时，这些具有号召力的人物还能在多元观点碰撞的过程中起到桥梁作用，促进不同立场之间的交流对话，避免极端化倾向，为构建和谐社会贡献力量。更重要的是，随着年轻一代逐渐成为社会主力军，KOL们以新颖有趣的方式吸引年轻人关注严肃话题，使得正能量得以更广泛地传播，为社会进步注入新的活力。

三、可视化呈现

（一）图表、动画和短视频的广泛应用

1. 将复杂信息转化为直观图像

在融媒体时代，信息传播的速度和广度都达到了前所未有的水平，而为了适应快节奏的生活方式和用户对内容消费的多样化需求，新闻报道逐渐转向更加直观、易懂的形式。图表、动画和短视频成为媒体传达复杂信息的重要工具，这些可视化元素不仅能够快速抓住受众的眼球，还能够有效降低理解门槛，使得原本晦涩难懂的数据或理论变得平易近人。例如，在财经新闻中，通过精心设计的折线图、柱状图等视觉化形式展示股市走势、经济指标变化，可以让读者一目了然地了解市场动态，而无须花费大量时间去解读冗长的文字描述。

将复杂信息转化为直观图像，不仅仅是对内容呈现方式的一种革新，更是一种提升用户体验、增强参与感的有效策略。以动画为

例，它可以在短时间内生动形象地解释复杂的科学原理或社会现象，使观众更容易接受新知识。短视频则凭借其短小精悍的特点，在移动互联网环境中迅速崛起，成为人们获取资讯的主要渠道之一。新闻机构利用短视频平台发布即时性的报道片段，或是深入解析事件背后的故事，既满足了公众对于时效性的追求，又保证了信息深度。此外，交互式图表和动画允许用户根据个人兴趣探索数据的不同维度，这种沉浸式的体验有助于加深记忆点，促进信息的有效传递，同时也为新闻业注入了更多的创意和技术含量。

2. 提高信息传达效率和吸引力

在融媒体时代，信息的爆炸式增长对新闻报道提出了更高的要求，即不仅要快速准确地传递信息，还要以一种引人入胜的方式吸引受众。可视化呈现成为满足这一需求的关键手段之一。通过图表、动画和短视频等形式，复杂的数据和抽象的概念被转化为直观易懂的视觉元素，极大地提高了信息传达效率。例如，在经济新闻中，利用动态图表展示股市波动或经济增长趋势，可以让读者一目了然地理解数据背后的意义，而不需要花费大量时间解读冗长的文字描述。这种直观的表现形式不仅节省了读者的时间，也使得信息更加易于记忆。

新闻媒体还巧妙运用动画和短视频来增强故事叙述的力量。这些多媒体工具能够将静态的文字报道转变为生动有趣的视听体验，使观众更容易沉浸在故事情节中。对于一些难以用文字表述清楚的社会现象或科学原理，动画可以提供清晰且具象化的解释，帮助公众更好地理解和接受新知识。同时，短视频因其短小精悍的特点，非常适合当下快节奏的生活方式，它可以在短时间内抓住观众的兴趣点，并迅速传递核心信息。通过优化内容结构和提升视觉效果，可视化呈现不仅增加了新闻报道的吸引力，也为公众获取信息提供了更为便捷高效的途径。

（二）直播和短视频平台的兴起

1. 直播活动吸引大量实时观众

直播和短视频平台的兴起打破了传统媒体的时间和空间限制，使信息能够即时、广泛地传递给观众。直播活动尤其突出了这一点，它允许用户直接参与到事件发生的现场，无论是体育赛事、音乐会还是突发新闻报道，观众都可以通过屏幕感受到第一手的信息。直播的魅力在于其真实性和互动性，观众不仅能实时观看，还能通过评论区表达自己的看法，甚至影响节目进程。这种双向互动的形式极大地增强了用户的参与感，让每个人都有机会成为故事的一部分。

直播活动吸引大量实时观众的能力不容忽视。一个成功的直播不仅能够聚集庞大的在线观众群体，还能够在社交媒体上引发广泛的讨论和分享。例如，在重大新闻事件或重要社会议题面前，直播可以迅速集结关注该话题的人群，形成强大的舆论场。这不仅有助于提高新闻的可见度，也能促进更深层次的社会对话。同时，为了适应快节奏的生活方式，短视频形式的新闻内容也逐渐流行起来。短视频以精炼的内容、快速的节奏迎合了现代人碎片化的阅读习惯，使得复杂的信息可以在短时间内被有效传达。直播和短视频平台的结合，更是开创了全新的新闻消费模式，即刻满足了人们对新鲜资讯的需求，同时也为新闻工作者提供了更多元化的创作空间，让每一次直播都成为连接世界的新窗口。

2. 短视频形式适应碎片化阅读习惯

随着移动互联网的普及和智能设备的广泛应用，短视频以其短小精悍、内容丰富且易于分享的特点迅速占领了用户的碎片化时间。

这些平台不仅为创作者提供了展示才华的空间，也为普通用户搭建了一个表达自我、记录生活的舞台。对于新闻行业而言，短视频成为一种新的叙事工具，它打破了传统媒体长篇幅报道的时间限制，允许记者在几秒到几分钟内传达核心信息，同时通过生动的画面和声音吸引观众注意力。这种形式尤其适合快节奏生活下的受众，他们能够在忙碌的日程中找到片刻闲暇来获取最新资讯。

短视频形式适应了现代读者的碎片化阅读习惯，使得信息传播更加高效。由于人们日常生活中可支配的连续时间越来越少，短视频正好契合了这一需求，它能够在短时间内提供高密度的信息量，满足人们对即时性和新鲜感的要求。此外，短视频平台上的互动功能如点赞、评论和转发等，增强了用户的参与感和归属感，形成了一个良性的社区环境。对于新闻工作者而言，利用好这一特点可以更好地与受众建立联系，根据反馈及时调整报道角度或深入挖掘相关话题。更重要的是，短视频能够跨越语言障碍，凭借直观的视觉效果实现全球范围内的信息共享，让不同文化背景的人们都能无障碍地理解事件本质，促进了国际间的文化交流和相互了解。通过这种方式，短视频不仅改变了我们接收信息的方式，也在潜移默化中影响着社会舆论的形成和发展。

第二章　融媒体技术与新闻报道的融合

第一节　移动互联网技术在新闻报道中的应用

一、移动互联网技术概述

（一）移动互联网的发展历程

1. 从 2G 到 5G 的技术演进

（1）各代移动通信技术的特点

2G 技术以 GSM 为代表，它实现了移动电话之间的数字化语音通话，并引入了 SMS 短信息服务，为新闻行业带来了即时性。3G 技术通过引入 WCDMA 等标准，提升了数据传输速率，允许用户浏览网页、观看短视频，新闻机构开始利用这些特性发布更丰富的多媒体内容。4G LTE 网络大幅提高了网络速度和稳定性，支持高清视频播放与快速页面加载，使得社交媒体平台成为新闻传播的重要阵地，直播和互动式新闻节目应运而生。5G 网络的出现标志着一个新时代的开启，其超高速度、大容量和低延迟特性，不仅能够承载 4K/8K 超高清视频直播，还能实现远程医疗、智能交通等领域的跨界融合，为新闻报道带来前所未有的创新机遇，比如借助 5G 网络的边缘计算能力进行现场数据分析，即时生成新闻报道。

（2）对新闻传播的影响分析

随着每一代移动通信技术的进步，新闻传播经历了从单一文本到多感官体验的转变。2G时代的信息传递相对滞后，新闻主要依赖文字描述；到了3G时期，图像和音频元素融入新闻产品，增强了用户的参与感。4G网络的普及让视频新闻成为主流，社交平台上的分享和评论功能促进了公众讨论，形成了更加开放的舆论环境。5G技术的应用更是推动了新闻行业的革命性变化：一方面，它加速了信息的全球化流动，另一方面，也为个性化定制新闻服务提供了技术基础。同时，5G支持下的新兴技术如VR和AR，正在改变人们获取新闻的方式，使读者能够身临其境般地体验新闻事件，从而加深理解和记忆。此外，5G网络下的物联网应用为新闻素材的收集开辟了新路径，例如通过智能穿戴设备或环境监测器捕捉突发事件的第一手资料，确保了新闻的真实性和时效性。

2. 移动互联网用户规模的增长

全球移动用户的统计数据表明，过去二十年间，移动互联网用户数量呈现指数级增长。根据国际电信联盟（ITU）的数据，截至2020年底，全球移动宽带订阅数已超过80亿，覆盖了世界大部分人口。发展中国家的市场渗透率尤为显著，这得益于经济实惠的智能手机和平价流量套餐的推广。移动互联网的普及不仅改变了人们的生活方式，也深刻影响了全球经济结构和社会互动模式。

（1）全球移动用户的统计数据

全球移动用户基数庞大且持续增长，反映了移动互联网在全球范围内的普及程度。统计数据显示，尽管发达国家的市场逐渐饱和，但新兴经济体中仍有大量新增用户加入移动互联网大家庭。例如，在非洲和南亚地区，移动互联网用户数量正以惊人的速度攀升。此外，随着农村地区基础设施的改善，曾经被忽视的市场潜力正在被释放。这些地区的移动互联网接入量增加，为全球数字包容性做出了贡献，并推动了全球互联网用户总数的增长。

（2）用户行为模式的变化趋势

随着移动互联网深度融入日常生活，用户的在线行为模式也发生了深刻变化。现在，人们更倾向于使用移动设备进行即时通讯、社交媒体互动、在线购物和娱乐消费等活动。移动优先策略成为许多互联网企业的默认选择，应用程序设计更加注重用户体验优化和个性化推荐。同时，短视频和直播等形式的崛起，体现了用户对于实时性和互动性的追求。移动支付手段的便捷化也加速了无现金社会的进程，而远程工作和学习的需求则催生了更多基于云的服务。总之，移动互联网驱动下的用户行为模式正朝着多元化、即时化和个性化的方向发展。

（二）移动互联网的关键技术

1. 无线网络技术

（1）Wi－Fi、4G/5G 等技术的应用

Wi－Fi、4G/5G 等无线网络技术为新闻报道注入了新的活力，它们不仅改变了信息的传递方式，也深刻影响了公众获取新闻的速度和途径。Wi－Fi 技术允许记者通过无处不在的热点迅速上传现场素材，即时与编辑部沟通，确保报道时效性。而 4G/5G 移动通信技术则提供了更稳定且高速的数据连接，支持高清视频直播及大文件快速传输。这使得媒体机构能够实时向观众提供高质量的多媒体内容，增强了用户体验，并使新闻更加生动直观。此外，随着 5G 技术的逐步普及，更低的延迟和更高的带宽将开启更多创新应用的可能性，如虚拟现实或增强现实新闻体验，进一步拉近受众与事件的距离。

（2）网络覆盖与速度对新闻传播的意义

网络覆盖范围和连接速度是决定新闻传播效率的重要因素。广泛的网络覆盖意味着即使是在偏远地区或突发事件现场，记者也能保持与外界的联系，及时发送最新消息。同时，高速率的数据传输能力让高清图像、视频流得以流畅播放，提高了新闻报道的质量和吸引力。在紧急情况下，良好的网络基础设施可以确保关键信息第一时间传达给大众，对于公共安全和社会稳定至关重要。因此，不断扩展和完善移动互联网基础设施建设，对于提升新闻行业的响应速度和服务水平具有不可替代的作用。随着技术进步，新闻工作者能够利用这些优势创造出更多元化的报道形式，满足不同用户群体的需求，推动融媒体时代下新闻业的发展。

2. 智能终端设备

（1）智能手机和平板电脑的功能特性

智能手机和平板电脑作为移动互联网的核心终端，集成了多种先进技术，为新闻报道提供了前所未有的便利。这些设备配备了高清显示屏、多核处理器和先进的图像处理芯片，确保了多媒体内容的流畅播放与高分辨率显示，从而能够承载丰富的新闻形式，包括文字、图片、视频乃至互动式内容。它们内置 GPS 模块支持地理位置服务，使得基于位置的个性化新闻推送成为可能；而传感器技术如加速度计、陀螺仪等则增强了用户交互体验，例如通过倾斜设备来切换页面或调整视角。另外，智能终端还拥有强大的摄像功能，不仅方便记者即时捕捉现场画面，也为普通民众参与新闻创作提供了工具，促进了公民新闻的发展。社交媒体应用的普及更让每个人都有机会成为信息源，极大地丰富了新闻素材来源。

（2）设备性能对用户体验的影响

智能终端设备的性能直接影响到用户的新闻消费体验。高性能处理器和大容量内存可以保障多任务处理时的系统响应速度，使用户在浏览新闻的同时能够顺畅地进行其他操作，如搜索相关信息或分享新闻内容至社交平台。良好的屏幕素质对于视觉呈现至关重要，高刷新率和广色域有助于减少眼睛疲劳并提升观看舒适度，尤其当用户长时间阅读长篇文章或观看视频直播时更为明显。电池续航能力决定了设备可以持续工作的时间长度，在外出采访时显得尤为重要。另外，操作系统及其更新机制也影响着安全性和新功能获取的速度。一个稳定且不断进化的操作系统环境能让用户及时享受到最新的技术成果，如更快的数据加载速度或是改进的隐私保护措施，进而提高整体的满意度和忠诚度。随着硬件技术的迭代升级，智能终端将继续优化用户体验，推动新闻传播模式向更加高效、便捷的方向发展。

二、移动互联网技术对新闻报道的影响

（一）新闻采集方式的革新

1. 移动直播成为常态

（1）实时现场报道的优势

移动直播技术使得实时现场报道成为新闻传播的新常态，它为观众提供了前所未有的即时性和真实感。通过移动设备进行的直播能够迅速捕捉并传递突发事件、重要会议或社会活动的第一手资料，缩短了新闻生产和消费之间的时空距离。记者可以不受地点限制，直接从事件核心地带发送高清视频流，让观众仿佛身临其境般感受现场氛围。此外，这种形式允许观众与主播互动，提出问题或表达

观点，增强了参与感和黏性。对于媒体机构而言，实时直播降低了制作成本，简化了流程，因为无须复杂的后期编辑即可发布内容。同时，它也提高了新闻的透明度和可信度，因为未经修饰的现场画面更能赢得公众的信任。因此，移动直播不仅改变了新闻采集的方式，也为构建更加开放、互动的传媒生态奠定了基础。

（2）视频直播平台的选择与比较

在选择视频直播平台时，媒体机构须考量多个因素以确保最佳的用户体验和技术支持。不同平台各有侧重，例如，一些平台可能更擅长处理大规模并发访问，提供稳定且高质量的流媒体服务；而另一些则可能因其广泛的用户基础和强大的社交功能而备受青睐。像 YouTube Live 和 Facebook Live 这样的国际平台拥有庞大的全球受众群体，并且集成了社交媒体分享机制，有助于扩大新闻影响力。国内平台如抖音、快手等短视频平台，凭借其高效的算法推荐系统，能快速将直播内容推送给感兴趣的用户，促进信息的有效扩散。斗鱼、虎牙等游戏直播平台虽然起初专注于娱乐领域，但它们的专业级技术支持和低延迟特性同样适用于新闻直播，特别是在需要高互动性的场景中。每种平台都有其独特的优势和局限，媒体机构应根据自身的内容定位、目标受众以及技术需求做出最合适的选择，以实现传播效果的最大化。

2. 用户生成内容（UGC）的兴起

（1）公众参与新闻创作的方式

在移动互联网技术的推动下，公众参与新闻创作的方式日益丰富。借助社交平台、即时通讯工具等渠道，用户可以随时随地发布所见所闻，成为新闻信息的源头。这种参与方式打破了传统新闻报道的单一性，使得新闻报道更加多元化和立体化。公众通过上传图片、视频、文字等，为专业媒体提供了丰富的素材，进一步拓宽了新闻报道的视野，提高了新闻的时效性和真实性。

（2）UGC 的质量控制与管理策略

随着用户生成内容（UGC）的兴起，如何确保新闻质量成为一大挑战。对此，媒体机构需采取一系列质量控制与管理策略。一方面，建立严格的审核机制，对用户上传的内容进行甄别，筛选出真实、有价值的信息；另一方面，加强对 UGC 的后期编辑和加工，确保新闻报道的专业性和准确性。同时，鼓励用户自律，提高信息素养，共同维护网络新闻传播的良好生态。通过这些措施，可以有效提升 UGC 的新闻价值，促进融媒体背景下新闻报道的健康发展。

（二）新闻发布渠道的拓展

1. 新闻 App 的发展

（1）主流新闻应用程序的功能介绍

主流新闻应用程序已经超越了传统的信息传递功能，成为集多媒体内容、社交互动和个性化服务于一体的综合平台。这些应用不仅能够提供即时的新闻推送，还整合了视频直播、音频播客等多种媒体形式，以适应不同用户的消费习惯。用户可以通过应用程序订阅感兴趣的新闻类别或话题标签，实现个性化的新闻流定制。另外，许多新闻 App 引入了评论区和分享按钮，鼓励用户参与讨论并形成社区效应。部分应用还搭载了人工智能技术，如智能推荐引擎根据用户的行为模式推荐可能感兴趣的内容，或是通过语音识别技术允许用户通过语音指令获取信息，极大地丰富了用户的交互体验。

（2）App 界面设计与用户体验优化

新闻应用程序的界面设计至关重要，它直接影响到用户的浏览效率和整体满意度。一个直观且易于导航的界面可以帮助用户快速找到所需信息，减少学习成本。现代新闻 App 通常采用简洁的设计语言，以卡片式布局展示各类新闻条目，并利用高清图片和短视频吸引注意力。色彩搭配上，选择对比度高但不刺眼的颜色组合，确保在各种光照条件下都能清晰阅读。为了提升用户体验，开发团队会定期收集用户反馈进行迭代更新，不断调整字体大小、行间距等细节元素，确保长时间阅读也不会造成视觉疲劳。同时，考虑到移动设备的小屏幕特性，App 还会特别优化触摸交互逻辑，使得操作更加流畅自然，进一步增强了用户的沉浸感和黏性。

2. 社交媒体平台的作用

（1）微博、微信等社交工具的新闻分发

在移动互联网技术的助力下，微博、微信等社交工具已成为新闻分发的重要渠道。这些平台具有用户基数大、信息传播速度快的特点，使得新闻报道能够迅速触达广泛的受众群体。新闻机构通过官方账号发布内容，利用平台的即时性和互动性，实现新闻信息的快速传播。同时，用户通过转发、评论等方式，参与到新闻的二次传播中，形成了多层次的传播网络，极大地提高了新闻的覆盖率和到达率。

（2）利用社交媒体扩大新闻影响力

社交媒体平台在新闻报道中的应用，不仅拓宽了新闻发布渠道，还显著扩大了新闻的影响力。通过精准推送、话题标签、热门推荐等功能，社交媒体能够让新闻内容迅速聚焦公众注意力，提升新闻事件的关注度。此外，社交媒体的互动特性使得新闻机构能够与受众建立更紧密的联系，及时获取反馈，调整报道策略，从而增强新闻报道的针对性和吸引力。这种模式有效地促进了新闻价值的最大化，为新闻报道在融媒体环境下的创新发展提供了有力支撑。

三、移动互联网时代新闻报道的创新实践

（一）个性化推荐系统

1. 基于算法的内容推送

（1）推荐算法的工作原理

个性化推荐系统在移动互联网时代新闻报道中的应用，核心在于推荐算法。该算法通过分析用户的历史行为数据，如浏览记录、搜索习惯、互动反馈等，构建用户兴趣模型。在此基础上，系统采用协同过滤、内容推荐或混合推荐等技术，将用户可能感兴趣的新闻内容进行排序和筛选，实现精准推送。推荐算法的工作原理体现了大数据和人工智能技术在新闻传播领域的深度融合，极大地提高了信息分发的效率和个性化水平。

（2）提升用户黏性和满意度的方法

为了提升用户黏性和满意度，个性化推荐系统需不断优化推荐策略。一方面，通过增强算法的实时性和动态性，确保推荐内容的时效性和相关性，满足用户即时信息需求。另一方面，引入用户反馈机制，允许用户对推荐内容进行评价，据此调整推荐模型，提高推荐的准确性。

2. 定制化新闻服务

（1）根据用户偏好提供定制资讯

在移动互联网时代，新闻机构通过技术手段实现根据用户偏好提供定制资讯的服务。利用大数据分析和机器学习算法，媒体平台能够深入了解用户的阅读习惯、兴趣领域以及行为模式。当用户与平台互动时，系统自动收集这些数据点，并建立详细的用户画像。基于此画像，平台可以推送符合个人兴趣的新闻内容，使信息流更

加贴近用户的期望和需求。这种个性化服务不仅提高了用户获取信息的效率，还增强了用户体验的满意度和黏性，是新闻行业适应数字化转型的重要举措之一。

（2）通过反馈不断调整服务内容

通过反馈不断调整服务内容是确保定制化新闻服务持续优化的关键机制。媒体平台设计了多种反馈渠道，如点赞、评论、分享等，用以捕捉用户的即时反应。此外，平台还会定期进行问卷调查或开展用户访谈，直接获取对服务的意见和建议。这些反馈信息被整合进数据分析模型中，帮助平台识别出哪些内容受到欢迎，哪些方面需要改进。由此，平台得以动态调整推荐算法，精炼资讯选择逻辑，确保提供的新闻内容始终贴合用户的最新兴趣和变化的需求，从而维持并提升服务的相关性和吸引力。

（二）增强现实和虚拟现实的应用

1. AR/VR 技术带来的沉浸式体验

（1）在重大事件报道中的应用案例

增强现实和虚拟现实技术在重大事件报道中的应用，为用户带来了前所未有的沉浸式体验。例如，在奥运会、世界杯等大型体育赛事中，通过 VR 技术，观众仿佛置身现场，全方位观看比赛，感受赛事的紧张氛围。在政治选举、自然灾害等新闻报道中，AR 技术能够将复杂的数据和信息以直观的三维形式展现，增强信息的可读性和感染力。这些应用案例表明，AR/VR 技术已成为提升新闻报道吸引力的重要手段，为用户提供了深度参与新闻事件的新途径。

（2）技术实现与成本考量

实现 AR/VR 技术在新闻报道中的应用，需要高度专业的技术支持和相应的设备投入。在技术实现方面，需克服硬件性能、内容制作、用户体验等多重挑战，确保技术的稳定性和用户体验的流畅性。在成本考量上，虽然初期投入较高，但随着技术的成熟和普及，成本将逐步降低。同时，新闻机构需评估 AR/VR 应用带来的收益，如提升品牌形象、增加用户黏性等，以实现成本与效益的平衡。因此，在推动 AR/VR 技术应用的过程中，新闻机构需综合考虑技术进步与经济效益的双重因素。

2. 互动性新闻产品的开发

（1）用户参与度更高的新闻形式

在移动互联网时代，增强现实和虚拟现实技术的应用推动了互动性新闻产品的开发，极大地提升了用户的参与度。这种新闻形式允许用户在虚拟环境中与新闻内容互动，不再是被动接收信息，而是通过操作、探索甚至改变新闻场景来深入了解事件。这种沉浸式体验不仅增强了用户的在场感，还激发了用户对新闻事件的思考和讨论，从而提高了新闻传播的效果和用户的满意度。

（2）结合游戏元素提升趣味性

为了进一步提升互动性新闻产品的吸引力，开发者们开始结合游戏元素，提升新闻内容的趣味性。通过设计互动任务、角色扮演、解谜等游戏化环节，新闻产品不仅传递信息，还能提供娱乐体验。这种创新方式有效地吸引了年轻用户群体，使得新闻传播更加生动有趣，同时也促进了用户对新闻内容的深度理解和记忆。这种融合了游戏元素的新闻产品，为传统新闻报道注入了新的活力，推动了新闻业的创新发展。

第二节 大数据与新闻报道的结合

一、大数据的基本概念与特征

（一）大数据的定义

1. 数据量大（Volume）

（1）海量数据来源及增长速度

大数据的首要特征在于其数据量之大，这些海量数据来源于多种渠道，包括社交媒体、传感器、在线交易等，几乎涵盖了人类活动的各个方面。随着互联网和智能设备的普及，数据的增长速度呈现出爆炸性趋势，据 IDC 报告显示，全球数据量预计将以每年约 20% 的速度增长。这种数据量的快速增长，为新闻报道提供了丰富的信息资源，但同时也带来了如何有效管理和分析这些数据的挑战。

（2）如何处理大规模数据集

面对大规模数据集，有效的处理方法是大数据应用的关键。这涉及数据存储、数据处理和分析技术的创新。例如，采用分布式文件系统如 Hadoop 来存储和管理海量数据，以及利用 MapReduce 等并行处理技术来快速分析数据。此外，云计算提供了弹性可扩展的计算资源，使得处理大规模数据集成为可能。新闻机构通过这些技术手段，能够从大数据中提取有价值的信息，为新闻报道提供更深入的洞察和更丰富的背景资料。

2. 类型多样（Variety）

（1）不同格式的数据整合挑战

大数据的多样性体现在数据格式的丰富性，包括结构化数据、半结构化数据和非结构化数据。这种类型多样的数据给新闻报道带来了整合的挑战。新闻机构须运用先进的数据处理技术，如自然语言处理和机器学习，来解析和转换不同格式的数据，以便统一分析和利用。另外，数据清洗和标准化流程的建立也是确保数据质量的关键步骤，这对于从庞杂的数据中提炼出有价值的新闻线索至关重要。

（2）跨领域数据关联的重要性

跨领域数据关联是大数据时代新闻报道的一项重要能力。通过将来自不同领域的数据进行关联分析，新闻机构能够揭示更深层次的规律和联系，从而提供更全面、多维度的报道。例如，将经济数据与社会事件、地理信息相结合，可以更准确地预测和解释社会现象。这种跨领域的数据关联不仅增强了新闻报道的深度和广度，也提升了新闻机构在信息海洋中的竞争力。

（二）大数据的价值与潜力

1. 揭示隐藏模式

（1）发现新闻热点背后的规律

大数据分析能够揭示新闻热点背后的深层次规律，为新闻报道提供更为丰富的背景和深度的解读。通过对大量相关数据的挖掘，新闻机构可以识别出事件之间的关联性，找出影响新闻发展的关键因素，从而在报道中提供更加精准和全面的信息。这种对数据背后规律的发现，不仅提升了新闻报道的质量，也增强了新闻机构的洞察力和预测能力。

（2）预测社会趋势和公众情绪

大数据的另一个重要价值在于其预测能力，特别是在社会趋势和公众情绪方面。通过分析社交媒体上的言论、搜索趋势以及在线行为等数据，新闻机构能够及时捕捉到公众的关注焦点和情绪变化。这种预测不仅有助于新闻机构提前布局报道内容，还能够为社会提供预警，引导公众舆论朝着积极健康的方向发展。因此，大数据成为新闻报道中不可或缺的工具，为新闻机构在信息时代保持竞争力提供了支持。

2. 支持精准决策

（1）辅助编辑部制订报道计划

大数据分析为新闻编辑部提供了强有力的决策支持，使得报道计划的制订更加精准和高效。通过对历史数据、用户行为、社会热点等多维度数据的综合分析，编辑部能够洞察受众需求，预测未来新闻趋势，从而有针对性地规划报道内容和时间。这种基于数据的决策方式，不仅优化了新闻资源的配置，也提高了新闻报道的时效性和吸引力，增强了新闻机构的市场竞争力。

（2）提供基于数据的政策建议

大数据在新闻报道中的应用，不仅限于信息传播，还能为政策制定提供科学依据。新闻机构通过深入分析相关数据，能够发现社会问题、洞察民意动向，进而提出基于数据的政策建议。这种建议往往更具说服力和针对性，有助于政府部门和决策者更好地理解社会状况，制定出更符合公众利益和社会发展的政策。因此，大数据成为连接新闻报道与政策决策的重要桥梁，推动了新闻报道由信息传递向智慧服务转变。

二、大数据在新闻报道中的应用场景

（一）新闻素材挖掘

1. 数据驱动的故事发现

（1）通过数据分析找到有价值的新闻线索

在融媒体背景下，数据驱动的故事发现成为新闻报道的重要手段。新闻机构通过运用大数据分析技术，对海量数据源进行挖掘，从而发现潜在的新闻线索。这种方法能够揭示数据背后的趋势和模式，帮助记者快速定位具有新闻价值的事件和话题。例如，通过对社交媒体的监控分析，可以及时发现公众关注的焦点，或是通过财务数据分析揭露潜在的欺诈行为，这些线索往往成为新闻报道的起点，提升了报道的深度和广度。

（2）利用开源情报获取信息

开源网络情报（Open Source Intelligence，OSINT）作为一种信息获取手段，在新闻报道中扮演着越来越重要的角色。记者通过收集和分析公开可获取的信息，如政府报告、学术研究、社交媒体帖子等，来丰富新闻素材和背景资料。这种方法的优点在于信息的多样性和可访问性，它不仅拓宽了新闻来源，还增强了报道的透明度和可信度。通过开源情报的深入挖掘，新闻机构能够提供更加全面和深入的报道，满足受众对高质量新闻的需求。

2. 深入调查报道的支持

（1）运用大数据进行事实核查

在新闻报道中，大数据技术的运用为事实核查提供了强有力的支持。通过对海量数据的筛选、比对和分析，记者能够迅速验证信息来源的准确性，尽量保证报道内容的真实性和可靠性。这种基于数据的事实核查过程，不仅提高了新闻报道的质量，也增强了新闻机构的公信力。特别是在处理涉及大量数据和复杂背景的报道时，大数据分析成为不可或缺的工具，帮助记者在纷繁复杂的信息中找到真相。

（2）分析复杂问题背后的社会经济因素

大数据分析在深入调查报道中的应用，不仅限于事实核查，还包括对复杂问题背后社会经济因素的分析。记者通过对相关数据的深入挖掘，可以揭示问题产生的深层次原因，如政策影响、经济结构、社会变迁等。这种分析有助于受众更好地理解新闻事件的全貌，促进新闻报道从表面现象向深层解读转变。例如，在报道经济危机时，大数据分析可以帮助记者探究市场趋势、消费者行为和企业经营状况，从而提供更为全面和深入的报道。

（二）受众洞察与反馈

1. 了解读者需求

（1）分析阅读习惯和兴趣点

在融媒体环境中，大数据技术使得新闻机构能够深入分析读者的阅读习惯和兴趣点。通过跟踪用户的浏览行为、互动反馈和搜索历史，记者和编辑能够精准描绘出受众的信息消费模式。这种分析有助于新闻机构理解哪些类型的内容更受欢迎，哪些时段发布新闻更能吸引读者关注，从而制定出更加贴合受众需求的报道策略。这种以数据为支撑的内容优化，提高了新闻报道的针对性和吸引力，增强了用户的阅读体验。

（2）根据用户画像优化内容生产

基于大数据分析生成的用户画像，为新闻内容的生产提供了个性化优化的方向。用户画像包含了读者的基本信息、偏好、行为特征等多维数据，新闻机构可以据此调整报道角度、语言风格和传播方式，以更好地满足不同用户群体的需求。这种精细化运营策略，不仅提升了用户满意度和忠诚度，也促进了新闻内容的多样化发展，为新闻机构在竞争激烈的市场中脱颖而出提供了有力支撑。

2. 实时监测舆论动态

（1）监控社交媒体上的公众意见

在融媒体时代，大数据技术使得新闻机构能够实时监控社交媒体上的公众意见，从而及时掌握舆论动态。通过分析微博、微信、论坛等平台上的用户言论，记者能够迅速识别出公众关注的焦点、情绪倾向和意见领袖的观点。这种监控不仅有助于新闻机构发现潜在的新闻线索，还能在重大事件发生时，为报道提供实时反馈，确保新闻报道与公众关切保持同步。

（2）快速响应并调整报道策略

实时监测舆论动态为新闻机构提供了快速响应的可能。在发现舆论风向变化或新兴话题时，新闻机构能够迅速调整报道策略，优化内容分发，甚至重新规划报道方向。这种灵活性和敏捷性是大数据时代新闻报道的重要特征，它使得新闻机构能够更加精准地服务受众，增强报道的时效性和相关性，从而在信息竞争中保持领先地位。快速响应机制的有效运行，不仅提升了新闻报道的质量，也加强了新闻机构与受众之间的互动和联系。

三、大数据新闻报道的挑战与对策

（一）数据隐私与伦理问题

1. 确保个人信息安全

（1）符合法律法规的数据使用原则

新闻机构必须严格遵循相关的法律法规来处理个人数据，这些法规如欧盟的《通用数据保护条例》（GDPR）或中国的《网络安全法》，规定了收集、存储、处理和共享个人数据的条件。新闻从业者需确保所有操作都在合法框架内进行，不仅避免直接识别个体的信息泄露，还要防止通过数据关联间接识别个人的风险。同时，透明度也是关键，媒体应当公开其数据实践，让用户了解他们的信息将如何被使用，并给予用户选择退出的权利。这有助于建立一个既尊重隐私又促进信息自由流动的工作环境。

（2）强化用户数据保护措施

为了应对潜在的安全威胁并保障用户数据的完整性，新闻组织需要实施强有力的技术防护机制。这包括但不限于采用先进的加密技术以保护静态和传输中的数据，定期进行安全评估和漏洞扫描，以及培训员工提高对网络攻击的认知和防范能力。此外，制订紧急响应计划以迅速处理任何可能发生的数据泄露事件至关重要。一旦发生安全事件，快速有效的行动可以最大限度地减少损害，维护用户的权益。同时，持续投资于最新的安全技术和方法论，能够使新闻机构始终保持在其领域的前沿，确保用户数据得到最高等级的保护。

2. 应对算法偏见

（1）检查算法是否存在歧视或误导倾向

在大数据新闻报道中，算法偏见是一个不容忽视的问题。新闻机构需定期检查算法是否存在歧视或误导倾向，确保数据处理过程的公正性和结果的准确性。这要求记者和数据分析师具备一定的技术素养，能够识别算法可能带来的偏见，如性别、种族或年龄歧视。通过深入分析算法的决策逻辑和结果分布，新闻机构可以及时发现并纠正潜在的偏见，保障新闻报道的客观性和多元性。

（2）建立透明的算法审查机制

为应对算法偏见，新闻机构应建立一套透明的算法审查机制。该机制应包括算法的披露、外部专家的评估，以及公众的监督。通过这些措施，可以提高算法透明度，确保其设计和应用符合伦理标准。透明的算法审查机制不仅有助于提升新闻报道的质量，还能增强公众对新闻机构的信任。另外，定期公布算法审查结果，可以促进新闻机构与受众之间的沟通，共同推动大数据在新闻报道中的健康发展。

（二）技术能力与资源限制

1. 提高技术人员的专业水平

（1）加强内部培训和技术交流

在融媒体环境中，新闻机构通过强化内部培训和技术交流可以有效提升团队的专业能力。内部培训计划应当聚焦于最新数据处理技术、分析工具和算法的应用，确保技术人员能够熟练掌握大数据环境下的工作技能。同时，组织定期的技术分享会和案例研究讨论，不仅促进了知识的传播，也激发了员工间的协作与创新精神。此外，建立跨部门合作机制，鼓励不同背景的人员共同参与项目，有助于形成多角度的问题解决思路，使技术应用更加贴合新闻报道的实际需求。这种持续学习和交流的文化，为大数据新闻报道提供了坚实的技术支撑。

（2）吸引外部专家合作项目

为了克服资源限制并推动大数据新闻报道的发展，新闻机构可以通过与外部专家合作来获取前沿技术和专业知识。这些专家可能来自学术界、科技公司或是其他拥有丰富经验的数据科学家。通过设立合作项目或顾问角色，新闻机构可以获得外部视角和技术指导，加速内部技术能力的成长。合作还可以包括联合研发新的数据分析方法或工具，以适应特定的新闻报道场景。这不仅有助于解决当前面临的技术难题，也为长期的技术进步奠定了基础。通过与外部力量的紧密合作，新闻机构能够在快速变化的大数据领域保持竞争力，同时确保其报道内容的准确性和深度。

2. 控制数据处理的成本效益

（1）选择合适的云服务平台

在控制大数据新闻报道的成本效益方面，选择合适的云服务平台至关重要。新闻机构应根据自身的数据处理需求、预算限制和技术能力，挑选性价比高、服务稳定、扩展性强的云服务提供商。合适的云服务平台能够提供弹性的计算资源，按需付费的模式有助于降低运营成本，同时确保数据处理的高效性和安全性。另外，云服务平台的先进技术支持，如机器学习和人工智能工具，能够进一步提升新闻报道的质量和创新能力。

（2）平衡投资与回报的关系

在资源有限的情况下，新闻机构需要平衡大数据技术投资与回报的关系。这意味着在投入资金和人力资源进行数据处理和分析时，要充分考虑预期的收益，包括提升报道质量、增加用户黏性、扩大市场份额等。通过制定清晰的投资策略，评估项目的成本效益比，新闻机构可以确保大数据技术的应用能够带来持续的业务增长和竞争优势。同时，合理的成本控制措施有助于避免资源的浪费，确保大数据新闻报道的可持续发展。

第三节　人工智能技术在新闻采编中的创新应用

一、人工智能的基础知识与进展

（一）AI 的核心技术和原理

1. 机器学习与深度学习

（1）神经网络模型及其工作方式

神经网络是一种模仿人类大脑结构和功能的计算模型，它由大量的节点（称为“神经元”）组成，这些节点分层组织，包括输入层、隐藏层和输出层。每一层中的神经元接收来自前一层的数据，并通过权重调整后的连接传递给下一层。在新闻采编中，神经网络可以用于自动分类文章、预测新闻趋势或生成摘要。数据在经过多层处理后，能够提取出复杂的特征模式，进而做出智能化决策。训练过程中，网络会根据误差反向传播算法不断优化权重设置，以最小化预测结果与实际标签之间的差距。这种机制使得神经网络具备了强大的非线性映射能力，从而可以在没有明确编程规则的情况下识别数据中的复杂关系。

（2）训练数据集的重要性与构建方法

训练数据集对于确保人工智能系统的性能至关重要。一个高质量的数据集不仅需要包含丰富的样本量，而且需要涵盖广泛而均衡的内容分布，这样才能使机器学习模型学到全面且具有代表性的特征。在新闻领域，构建这样的数据集意味着收集各种类型的新闻报道，包括不同主题、风格和来源的文章。同时，为了提高模型的泛化能力，还需注重数据的质量控制，例如去除噪声、标注错误等。

另外，采用增量式更新策略可以保证数据集与时俱进，反映最新的社会动态和技术发展。通过精心设计的数据预处理流程，如文本清洗、特征工程和标注工作，可以为神经网络提供准确的学习材料，最终产出更加智能、可靠的新闻采编辅助工具。

2. 自然语言处理

（1）文本理解与生成的关键技术

自然语言处理作为人工智能领域的重要分支，其核心技术主要包括词向量表示、句法分析、语义理解等。通过对大量文本数据进行深度学习，NLP 技术实现了对文本的精准理解和高效生成。在词向量表示方面，Word2Vec、GloVe 等模型将词汇映射为高维空间的向量，有效捕捉了词汇的语义信息；在句法分析方面，基于深度学习的解析器能够准确识别句子结构，为语义理解奠定基础；而在语义理解层面，神经网络模型如 Transformer 已实现对长文本的深入理解，为新闻报道的创新应用提供了有力支持。

（2）NLP 在新闻写作中的实际应用

在新闻写作领域，自然语言处理技术已得到广泛应用。通过对海量新闻素材的深度学习，NLP 技术能够实现新闻线索的智能筛选、主题挖掘、摘要生成以及稿件撰写。例如，利用 NLP 技术，新闻机构可以快速从大量信息中提取关键内容，生成新闻摘要，提高报道的时效性；同时，基于预训练模型，NLP 技术能够辅助记者完成稿件撰写，降低人力成本，提高新闻生产的效率。此外，NLP 技术在新闻推荐、舆情分析等方面也发挥着重要作用，为新闻报道的创新与应用提供了强大动力。

（二）AI的发展现状与未来方向

1. 当前AI技术的主要成就

（1）AI辅助新闻生产的成功案例

在新闻生产领域，人工智能的应用已经从概念验证阶段过渡到实际操作层面，显著提升了工作效率和内容质量。例如，自动化新闻写作系统能够快速处理大量数据，生成即时报道，尤其在财经、体育等数据密集型领域表现突出。这类系统通过自然语言处理技术，将结构化数据转化为易于理解的文本，满足了读者对速度和准确性的需求。此外，智能编辑工具利用机器学习算法优化新闻稿的内容，确保其符合特定风格或目标受众的偏好。图像识别技术也被广泛应用于多媒体新闻制作中，自动标注图片内容并检测版权信息，减少了人工审核的工作量。这些应用不仅提高了新闻机构的生产力，还增强了其应对突发新闻事件的能力。

（2）行业内外对AI技术的认可程度

随着AI技术在新闻采编中的深入应用，它逐渐获得了行业内和公众的高度认可。新闻从业者开始视AI为提升工作效能的重要工具，而非替代人类创造力的威胁。许多主流媒体机构已将AI集成到日常运营中，用于数据分析、个性化推荐以及用户互动等方面，这不仅改善了用户体验，也增强了媒体的商业价值。同时，学术界和科技公司持续关注AI在新闻领域的进展，并积极推动相关研究和技术改进。然而，对于AI技术的使用也存在一定的担忧，如隐私保护和算法偏见等问题。因此，新闻行业正努力制定伦理准则和技术标准，以确保AI应用的透明性和公正性，从而赢得更广泛的信任和支持。

2. AI 技术的长远发展目标

（1）推动自动化向智能化转变

在人工智能技术的发展进程中，其长远目标之一是推动自动化系统向智能化转变。当前，自动化技术已在各行各业广泛应用，但大多局限于预设流程的执行。智能化转变意味着 AI 将具备更高级的决策能力、学习能力和适应能力，能够处理更加复杂和不确定的任务。这一转变将使得 AI 不仅能够执行固定程序，还能在理解环境、预测结果和优化方案等方面发挥重要作用，从而在新闻采编等领域实现更深层次的创新应用，提升新闻报道的质量和效率。

（2）构建更加人性化的 AI 助手

人工智能技术的另一个长远发展目标是构建更加人性化的 AI 助手。随着技术的不断进步，AI 助手将不仅限于简单的任务执行，而是能够更好地理解人类意图、情感和习惯，提供更加个性化和贴心的服务。在新闻采编领域，这意味着 AI 助手能够更准确地捕捉记者的需求，协助进行深度报道的策划、资料收集和文稿编辑，同时能够在与人类的互动中不断学习和优化，以更接近人类工作伙伴的角色存在。这样的人性化 AI 助手将极大地提升新闻报道的创造力，促进媒体行业的持续发展。

二、人工智能在新闻采编中的具体应用

（一）智能编辑与审核系统

1. 自动化排版与校对

（1）减少人为错误提高效率

在融媒体时代，智能编辑系统通过集成先进的自然语言处理和机器学习算法，能够在新闻稿件的自动化排版和校对过程中显著降

低人为错误的发生概率。这类系统可以自动检测并纠正拼写、语法以及标点符号等常见的文本错误，同时确保文章格式的一致性和规范性。此外，智能编辑工具还能够根据预设的出版标准或品牌风格指南进行内容优化，从而保证输出质量的稳定性。借助这些技术手段，编辑人员得以从繁复的基础工作中解脱出来，将更多精力投入到内容创新和深度报道中，整体提升了新闻生产的效率和专业水准。

（2）实现快速发布和更新

利用人工智能驱动的自动化排版与校对功能，新闻机构能够大幅缩短内容从撰写到发布的周期，满足了融媒体环境下信息即时性的需求。当稿件完成初稿后，智能系统可立即对其进行格式调整、图像插入及链接添加等一系列操作，确保内容符合多平台发布的格式要求。更重要的是，该过程可以在几秒钟内完成，允许编辑团队迅速响应突发新闻事件，并及时向公众推送最新资讯。对于需要频繁更新的内容，如实时数据图表或动态新闻汇总，AI 还能自动生成更新版本，保持信息的新鲜度和相关性，强化了新闻媒体在快速变化的信息环境中的竞争力。

2. 内容合规性检查

（1）识别敏感词汇和违规内容

在智能编辑与审核系统中，内容合规性检查的首要任务是识别敏感词汇和违规内容。这一过程依赖于先进的自然语言处理技术和深度学习算法，能够高效地扫描文本，识别出可能触及法律法规界限的词汇和表述。通过对大规模语料库的学习，系统不仅能识别直接的敏感词，还能理解并捕捉到各种变体、隐喻和双关语等隐晦表达，从而在新闻内容发布前，有效预防和过滤潜在的风险，保障新闻报道的合法性和社会责任。

（2）确保新闻符合法规标准

智能编辑与审核系统的另一重要功能是确保新闻内容符合法规标准。系统不仅能够自动检测文本中的敏感信息，还能根据相关法律法规和新闻行业的规范，对新闻的结构、语言、事实准确性等多方面进行审核。这一流程确保了新闻内容的严谨性和权威性，避免了因内容违规导致的法律责任和声誉损失。通过智能审核系统的严格把关，新闻机构能够提升内容质量，维护良好的社会形象，同时提高工作效率，适应融媒体时代对新闻报道的快速反应需求。

（二）机器人写作与自动化报道

1. 自动生成简讯和财经报告

（1）使用模板快速生成初稿

在融媒体环境中，机器人写作通过利用预设的模板能够迅速创建新闻简讯和财经报告的初稿。这些模板基于特定类型的新闻事件或财务公告而设计，涵盖了关键信息点，如时间、地点、人物、事件详情等，确保了报道的基本结构和逻辑连贯性。通过自然语言处理技术和机器学习算法，系统可以自动填充模板中的变量，根据最新的数据源生成个性化的叙述内容。此外，模板的灵活性允许编辑人员根据具体需求调整格式和风格，从而适应不同的受众和媒体平台。这种方式极大地提高了新闻生产的效率，使记者们可以将更多精力投入到深度报道和分析中。

（2）提供及时准确的信息服务

借助于人工智能技术，自动化报道系统能够在数据发布的瞬间自动生成简讯和财经报告，为读者提供即时且精确的信息服务。该系统连接多个实时数据流，包括股票市场行情、官方统计数据发布以及企业财报等，确保信息的时效性和准确性。一旦有新的数据输入，系统会立即触发生成流程，并通过算法评估信息的重要性，以确定是否需要发出更新。这种自动化过程减少了人为错误的可能性，同时保证了信息传递的速度。对于金融投资者和商业决策者而言，这样的服务提供了宝贵的时间优势，帮助他们在瞬息万变的市场环境中做出更快更明智的选择。

2. 智能语音合成与播报

（1）开发多语言、多风格的语音产品

在机器人写作与自动化报道领域，智能语音合成与播报技术的应用正日益成熟。为了满足不同受众的需求，技术团队致力于开发多语言、多风格的语音产品。这些产品通过深度学习不同语言的特点和发音规则，结合语音合成技术，能够生成自然流畅的语音输出。同时，根据新闻内容的性质和目标听众的偏好，智能语音合成系统能够调整语速、语调和情感，以适应从正式新闻播报到轻松谈话节目的多样化风格，从而提升新闻传播的互动性和吸引力。

（2）支持无障碍访问和老年群体

智能语音合成与播报技术的发展还着重考虑了无障碍访问的需求，特别是对视障和老年群体提供了极大的支持。通过优化语音识别和合成技术，新闻内容能够以语音形式高效、准确地传达给用户，使得这些群体能够更加便捷地获取信息。此外，智能语音系统还能够根据用户的反馈进行个性化调整，如增大音量、简化语言或放慢语速，以满足特定群体的特殊需求。这种人性化的设计不仅拓宽了新闻服务的覆盖范围，也体现了融媒体时代对包容性和公平性的关注。

三、人工智能新闻采编面临的挑战与解决路径

（一）质量把控与信任建立

1. 确保AI生成内容的真实可靠

（1）加强事实核查环节

在融媒体环境中，确保人工智能生成内容的真实性是维护新闻可信度的关键。随着算法的进步，AI能够快速处理海量信息并生成新闻报道，但这也增加了错误传播的风险。因此，构建一个严谨的事实核查体系至关重要。这一体系应整合自动化工具与人工审核，利用机器学习模型初步筛选和标记可能的不准确之处，随后由经验丰富的编辑进行深度检查。同时，建立多源信息对比机制，确保重要数据和声明得到多方验证。通过不断优化核查流程和技术手段，可以有效降低AI生成内容中的误报率，增强公众对AI辅助新闻的信任感。

（2）明确标注AI生成内容的身份

为了促进透明度并建立读者信任，媒体机构需要清晰标识哪些内容是由人工智能生成或辅助创作的。这种透明化措施不仅符合伦理标准，也是赢得受众长期支持的重要步骤。对于每一篇涉及AI技术的文章，应在显著位置提供说明，告知读者内容创作过程中AI的具体角色，如数据分析、文本撰写或是编辑建议等。同时，提供链接或二维码指向更详细的解释页面，介绍所使用的技术背景和工作原理。这样的做法不仅能帮助读者更好地理解新闻产品，也鼓励了行业内负责任地应用AI技术。通过明确的标识和公开沟通，媒体机构可以树立起高标准的专业形象，进一步巩固其作为可靠信息来源的地位。

2. 提升读者对 AI 新闻的信任度

（1）透明公开 AI 的工作流程

提升读者对 AI 新闻的信任度，关键在于透明公开 AI 的工作流程。新闻机构应当详细披露 AI 在新闻采编中的应用环节，包括数据来源、算法逻辑、编辑干预等关键信息。这种透明度有助于读者理解 AI 新闻的生产机制，减少对算法黑箱的疑虑。通过公开 AI 的新闻制作流程，读者能够对 AI 新闻的真实性、客观性和公正性有更直观的认识，从而建立起对 AI 新闻的信任。

（2）教育公众正确看待 AI 技术

教育公众正确看待 AI 技术是提升 AI 新闻信任度的另一重要途径。媒体和学术机构应当共同努力，通过多种渠道普及 AI 知识，增强公众对 AI 技术的理解。这包括介绍 AI 的优势、局限性以及可能带来的挑战，帮助公众形成理性的技术观。通过教育，公众能够认识到 AI 新闻并不会取代人类记者，而是作为辅助工具，提高新闻生产的效率和质量。这种正确的认知有助于消除对 AI 新闻的误解和偏见，为 AI 技术在新闻采编领域的广泛应用打下坚实的信任基础。

（二）就业影响与人才转型

1. 新闻行业的人才结构调整

（1）AI 对传统编辑记者岗位的影响

人工智能在新闻采编中的应用正在重塑行业的劳动力市场。随着自动化工具和智能算法承担起数据收集、初步分析乃至简单新闻稿的撰写，传统编辑记者的角色正面临重新定义。对于常规性和重复性的任务，AI 能够以更高的效率完成，这可能导致某些初级编辑和记者岗位的需求减少。然而，这一变化也促使从业者向更需要人类智慧和经验的方向转型，如深度报道、调查新闻以及内容策划等领域。同时，人机协作模式的兴起为编辑记者提供了新的工作方式，他们可以利用 AI 来增强自己的生产力，专注于更具创造性和战略意义的工作。因此，尽管 AI 带来了挑战，它也为新闻工作者的职业发展开辟了新路径。

（2）新兴职业如数据分析师的需求

随着融媒体环境的发展，新闻行业对具备数据分析技能的专业人才需求日益增长。数据分析师不仅负责处理和解释大量信息，还参与到故事发现和叙事构建的过程中。这类角色要求从业人员拥有统计学、计算机科学以及新闻伦理等多学科知识，能够在海量数据中挖掘有价值的信息，并通过可视化等手段将复杂的数据转化为易于理解的故事。此外，数据分析师还须与编辑记者紧密合作，确保技术分析结果准确无误地融入到新闻报道中。这种跨领域的能力组合使得数据分析师成为现代新闻团队不可或缺的一部分，他们的加入不仅提升了新闻的质量和深度，也推动了整个行业向数据驱动的方向转变。

2. 推动从业人员技能升级

（1）提供相关课程和培训机会

在融媒体环境下，新闻机构需积极应对人工智能带来的变革，通过提供针对性的课程和培训来促进员工技能的转型升级。这些教育活动应紧密围绕 AI 技术的基础知识、数据分析能力以及自动化工具的应用展开，旨在帮助记者和编辑掌握必要的技术技能以适应新的工作流程。同时，培训内容还应涵盖伦理规范和技术局限性等议题，确保从业人员能够负责任地使用 AI 工具。为了保持课程的相关性和实用性，新闻机构可以与高校或专业培训机构合作，邀请行业专家分享最新趋势和实践经验。此外，建立持续学习的文化，鼓励员工定期参与进修，有助于维持团队的专业水准并激发创新潜力，使他们在快速变化的媒体环境中保持竞争力。

（2）鼓励跨学科知识的学习与实践

面对人工智能对新闻采编的影响，培养具备跨学科知识的人才是提升团队整体素质的有效途径。融合计算机科学、数据统计学和社会科学的综合性教育，不仅拓宽了从业人员的视野，也增强了他们解决复杂问题的能力。新闻从业者可以通过参加研讨会、在线课程或实习项目，深入理解算法运作机制、数据隐私保护及信息传播模式等内容。这种多领域知识的积累，为实现更精准的内容定位和个性化服务提供了可能。更重要的是，跨学科背景有助于在不同部门间搭建沟通桥梁，促进协作创新，从而推动整个组织向智能化方向转型。通过鼓励多样化的学习路径和支持实际应用中的探索尝试，新闻机构可以更好地准备迎接未来的挑战。

第三章　融媒体背景下的新闻采编创新

第一节　新闻采集的多元化与即时性

一、多元化的新闻来源

（一）社交媒体作为新闻源

1. 社交媒体平台的广泛使用及其对新闻报道的影响

社交媒体平台的广泛使用已经深刻改变了新闻报道的生态。如今，微博、微信、推特等社交网络成为公众分享信息和交流观点的主要场所，这些平台每日产生海量的内容，涵盖了从日常生活琐事到重大社会事件的各种话题。记者们开始将社交媒体视为重要的信息源，从中挖掘有价值的新闻线索。例如，在突发性事件发生时，身处现场的目击者往往会第一时间在社交平台上发布照片、视频或文字描述，这些一手资料为媒体提供了快速反应的机会，使得新闻机构能够迅速跟进报道，极大地提高了新闻的时效性和真实性。同时，社交媒体也打破了传统媒体的信息垄断，赋予了普通民众参与新闻生产和传播的权利，这不仅丰富了新闻内容的多样性，还促进了公共讨论和社会监督。

社交平台对新闻业的影响远不止于此，它们还在改变新闻采集的方式和流程。随着算法推荐系统的不断发展，社交媒体能够根据用户的兴趣和行为模式精准推送个性化内容，这使得新闻工作者可以更高效地筛选和获取相关资讯。此外，一些先进的社交平台还提供了数据分析工具，帮助记者理解舆论趋势和受众反馈，从而优化报道策略。然而，这种转变也带来了挑战，比如如何验证社交媒体信息的真实性，以及怎样在尊重隐私的前提下合法利用用户生成内容。面对这些问题，新闻从业者必须不断学习和适应新的技术环境，以确保所报道的信息既准确又符合伦理标准。通过积极探索社交媒体的应用，新闻行业正在开辟一条更加开放、互动和高效的采编之路。

2. 用户生成内容在新闻采集中的作用

在融媒体时代，社交媒体已经成为新闻采集不可或缺的一部分，用户生成内容更是为新闻报道注入了新的活力。UGC 包括博客文章、视频、照片、评论等，这些由普通民众创作的内容不仅丰富了新闻素材，而且提供了传统媒体难以触及的视角。通过 UGC，新闻机构能够捕捉到事件的第一手资料，这种即时性和真实性是传统新闻采集方式所无法比拟的。例如，在突发事件中，现场目击者往往能迅速通过社交平台分享信息，而新闻工作者可以及时筛选和验证这些信息，将其融入报道之中，使得公众能够更快地了解事态发展。同时，UGC 的广泛参与也反映了社会舆论的多元性，有助于构建更加全面的公共话语空间。

UGC 还推动了新闻生产模式的变革，它模糊了新闻创作者与消费者之间的界限，促进了公民新闻主义的发展。当普通用户参与到新闻内容的创造过程中时，他们不仅是信息的接收者，更成为新闻故事的一部分。这种转变促使新闻从业者重新思考自身角色，从单纯的信息提供者转向信息的整合者和引导者。借助 UGC 的力量，媒体可以开展互动式报道，鼓励公众参与话题讨论，甚至共同完成新闻项目。这种方式不仅能增强用户的黏性和信任感，还能让报道更具深度和广度。随着技术的进步，如人工智能和大数据的应用，UGC的价值将进一步被挖掘，成为融媒体环境中新闻创新的重要驱动力。

3. 利用社交媒体进行线索挖掘和验证的方法

社交媒体已成为新闻采集不可或缺的一部分，它为记者提供了丰富的信息源和前所未有的互动平台。在这个平台上，普通公众可以成为事件的第一报道者，他们的照片、视频以及文字描述往往能第一时间揭示事件的全貌。记者可以通过关注热门话题标签、加入特定兴趣群组或者使用社交媒体监听工具来捕捉潜在的新闻线索。例如，在突发事件发生时，通过搜索相关关键词，记者能够快速找到现场目击者的帖子，这些实时更新的内容是传统媒体难以匹敌的即时性资源。同时，社交媒体平台的算法推荐系统也使得记者更容易接触到与自己关注领域相关的深度内容和趋势分析，进一步拓宽了新闻素材的获取渠道。

对于社交媒体上的信息，验证其真实性和可靠性是关键步骤。记者不仅需要核实发布者的身份背景，还要交叉比对多个来源的信息以确保准确性。借助先进的技术手段，如区块链时间戳、图像元数据分析等，可以更有效地甄别虚假信息。建立一个可靠的社交网络联系人名单同样重要，这包括活跃在各个领域的专家、意见领袖和一线工作者，他们可以在关键时刻提供第一手资料或专业见解。此外，记者还可以利用社交媒体进行公开询问，鼓励知情人士提供更多细节，从而丰富报道内容。通过这些方法，记者在保证速度的同时也不失精度，让融媒体时代的新闻报道更加生动、全面且可信。

（二）专业记者与公民记者的合作

1. 公民记者在新闻事件中的角色转变

公民记者在新闻事件中的角色正经历着深刻的转变，这不仅是因为技术的普及使得信息传播门槛降低，还因为公众对参与社会事务讨论的兴趣与日俱增。在传统媒体时代，新闻采集主要依赖于专业记者深入现场进行调查、采访和报道。然而，在融媒体环境中，任何一位拥有智能手机和互联网连接的人都可能成为第一手信息的提供者。这种转变让公民记者能够在突发事件中迅速反应，捕捉到专业媒体到达前的关键时刻，为公众提供了更为即时的信息流。公民记者提供的素材往往具有原始性和真实感，能够补充官方渠道未能覆盖的角度，增强了新闻报道的广度和深度。

公民记者的角色转变也体现在他们与专业记者的合作模式上。两者之间的界限逐渐模糊，形成了一个动态互动的网络。一方面，专业记者可以利用公民记者提供的线索和素材快速响应热点话题，同时确保信息的准确性和可靠性。另一方面，公民记者通过与专业机构合作获得了更广阔的发布平台，以及必要的编辑指导和技术支持。这种合作不仅提高了新闻产品的质量，也为公民记者提供了成长的空间。例如，在一些大型公共事件中，我们看到社交媒体上的用户生成内容被主流媒体采纳，经过专业的核实和加工后呈现给更广泛的受众。这样的协作模式促进了新闻业的民主化，同时也推动了新闻采编流程的创新与发展。

2. 传统媒体机构与公民记者之间的协作模式

在融媒体时代，传统媒体机构与公民记者之间的协作模式正在经历深刻的变革。这种合作不仅仅是新闻素材的简单交换，而是建立了一种基于信任和资源共享的新型关系网络。传统媒体凭借其专业的编辑团队、严格的审核流程和广泛的传播渠道，在信息的质量把控和权威性上占据优势；而公民记者则以其贴近生活的视角、快速响应的能力以及深入社区的独特触角，补充了传统新闻采集的不足。两者结合，能够创造出更加丰富和全面的报道内容。例如，在突发新闻事件中，公民记者往往能第一时间到达现场，通过社交媒体即时分享图文或视频资料，为传统媒体提供了宝贵的原始素材。同时，传统媒体可以利用自身的资源对这些素材进行深度加工，挖掘背后的故事，提供有深度的解读和分析，从而形成一个从表层到深层的完整新闻链条。

协作模式还体现在长期项目的共同开发上，这不仅限于突发事件的报道。传统媒体机构可以与特定领域的公民记者建立合作关系，围绕某个社会议题开展持续性的调查和报道。这种方式使得公民记者的专业技能得到提升，同时也让传统媒体获取到了更广泛的社会声音。比如，关于城市环境改善的一系列报道，公民记者可以深入街头巷尾，记录普通市民的真实反馈和日常生活中的变化，而传统媒体则负责将这些碎片化信息整合成具有影响力的主题报道。这样的合作不仅增强了新闻的真实性，也促进了公众参与和社会监督，形成了良好的互动循环。在这个过程中，双方不断调整合作方式，探索新的工作流程和技术手段，确保每一次的合作都能产生高质量且具影响力的新闻作品。

3. 如何确保公民记者提供的信息质量

传统媒体机构需要建立一套严格的筛选和验证机制，以应对海量且来源复杂的信息。一方面，媒体可以通过设立专门的审核团队，对公民记者提交的内容进行初步评估。这包括核实信息的真实性、时效性和相关性，同时检查是否存在版权问题或侵犯隐私的风险。

对于重要的或有争议性的报道，应当进一步开展独立调查，联系多方信源交叉验证，确保信息无误。另一方面，媒体还可以借助技术工具提高审核效率。例如，利用人工智能算法分析文本数据，自动识别可能存在的虚假信息或误导性陈述；或者通过地理定位、时间戳等元数据确认事件发生的具体情况。另外，区块链技术的应用也为信息溯源提供了新的可能性，它能够记录每一次内容修改的历史，保证信息的透明度和可追溯性。

为了提升公民记者提供的信息质量，建立长期的合作关系和培训体系同样重要。传统媒体可以为活跃的公民记者提供定期的专业培训，涵盖新闻伦理、写作技巧、摄影摄像基础等方面的知识。这种培训不仅能帮助公民记者提高自身的业务水平，还能增强他们对媒体规范的理解和认同感。更重要的是，良好的培训有助于培养具有责任感的公民记者群体，他们在日常生活中自觉遵循新闻职业道德，主动追求真实准确的报道。与此同时，媒体应鼓励并奖励那些贡献高质量内容的公民记者，比如给予一定的物质奖励或是公开表彰，以此激励更多的人参与到优质的新闻创作中来。通过这些措施，不仅提升了公民记者的信息输出质量，也促进了整个社会新闻环境的健康发展。

二、即时性的新闻采集技术

（一）移动设备在新闻采集中的应用

1. 智能手机和平板电脑如何改变新闻现场报道

智能手机和平板电脑凭借其便携性、多功能性和即时连接能力，彻底改变了记者获取和传递信息的方式。记者不再受限于传统的摄像机和录音设备，而是可以利用智能终端迅速捕捉突发事件的画面与声音，并通过内置的应用程序即时编辑和发布内容。例如，在一次自然灾害发生时，记者能第一时间用手机拍摄视频片段，使用社交媒体平台或专门的新闻应用程序直接上传至网络，使全球观众几乎同步见证事件的发展。这种即时性的传播不仅加快了信息流动的速度，也极大地提高了公众对事件的认知度和参与感。

移动设备还为记者提供了更灵活的工作环境和创新的叙事方式。借助于各种专业级的摄影、录音以及剪辑应用，即使是单兵作战的记者也能完成高质量的内容创作。平板电脑的大屏幕和触控操作让记者在采访过程中能够更加直观地整理素材，实时查看拍摄效果，确保最终成品的质量。同时，移动设备支持多种格式的多媒体融合，如文字、图片、音频、视频等，这使得新闻报道的形式更加多样化，增强了故事的吸引力。比如，一些新闻机构开发了增强现实或虚拟现实体验，用户可以通过移动设备身临其境般地感受新闻场景，从不同的角度理解事件背景和影响。随着5G网络的普及，移动设备还将实现更低延迟和更高带宽的数据传输，进一步推动新闻采集技术的进步，为观众带来前所未有的沉浸式新闻体验。

2. 移动应用程序为新闻工作者提供的工具和服务

在融媒体背景下，移动设备已成为新闻采集的重要工具，其中，移动应用程序（App）为新闻工作者提供了丰富多样的工具和服务，极大地提升了新闻采集的即时性。如今，许多新闻机构都开发了自己的App，这些App不仅具备信息推送功能，还能实现现场直播、图文编辑、视频剪辑等多种操作，让新闻工作者能够在第一时间捕捉到新闻现场的动态。

以新华社的“现场云”App为例，这款应用为记者提供了便捷的现场报道工具。通过“现场云”，记者可以在新闻现场快速撰写文稿、上传图片和视频，实现新闻的实时传播。此外，App 还具备 GPS 定位功能，能够实时显示记者所在位置，便于编辑部门统筹调度资源，提高新闻报道的效率。同时，新闻工作者还可以利用“现场云”的互动功能，与网友进行实时交流，了解受众需求，调整报道方向。

另一款备受新闻工作者青睐的应用是“快手剪”，这款视频剪辑软件让新闻工作者在移动端就能完成视频的剪辑、配音、字幕等后期制作。在新闻现场，记者只需利用手机拍摄素材，导入“快手剪”进行快速编辑，即可生成符合播出标准的新闻视频。这种高效的视频处理能力，使得新闻工作者能够在短时间内完成新闻报道，确保了新闻的时效性。同时，随着人工智能技术的不断发展，未来移动应用程序还将为新闻工作者提供更多智能化服务，进一步提升新闻报道的质量和效率。

3. 实时数据传输和直播功能的重要性

在融媒体环境中，移动设备的实时数据传输和直播功能对于新闻采集的重要性日益凸显。移动设备凭借其便携性和联网能力，成为记者手中不可或缺的工具。通过这些设备，记者能够在事件发生的第一时间捕捉到现场情况，并即时将图片、视频等多媒体内容上传至编辑部或直接发布到网络平台。这种即时性不仅缩短了新闻生产和传播的时间差，还使得公众能够同步见证重要时刻，增强了信息的真实感和临场感。例如，在大型体育赛事或者国际会议期间，记者可以利用手机或平板电脑迅速发送报道片段，让观众仿佛置身于活动现场。同时，实时数据传输技术的发展也推动了新闻制作流程的优化，从素材收集到最终发布，每个环节都变得更加高效流畅。

直播功能进一步革新了新闻报道的方式，它提供了一种无剪辑、原生态的信息传递途径。借助移动设备的高清摄像头和稳定的网络连接，无论是偏远地区的突发事件还是城市中心的重大活动，都可以实现即时直播。这不仅为观众提供了第一手资料，而且增加了互动的可能性。观众可以在观看直播的过程中提出问题或发表评论，记者则可以根据反馈调整报道角度或深入探讨某些话题。这种双向交流打破了传统媒体单向传播的局限，构建了一个更加开放和动态的公共讨论空间。此外，直播还可以作为一种监督机制，促使政府机构和社会组织更加透明地处理事务。当涉及环境保护、公共安全等领域时，直播能够及时曝光问题，促进问题的快速解决，从而发挥新闻媒体的社会责任和影响力。通过不断探索和应用新的技术和模式，移动设备将继续在新闻采集领域中扮演关键角色，推动新闻业向更加快速、准确和互动的方向发展。

（二）无人机和传感器等新技术的作用

1. 无人机在难以到达区域的新闻拍摄

在融媒体时代的浪潮中，新闻采集技术正经历着前所未有的变革，无人机作为一项新兴技术，正逐步成为新闻采集领域的重要工具。特别是在那些地形复杂、环境恶劣或受限于物理条件的难以到达区域，无人机凭借其高度的灵活性和适应性，为新闻拍摄提供了全新的视角和可能性。例如，在自然灾害现场，无人机能够穿越烟雾和瓦砾，深入灾区核心，捕捉到第一手的影像资料，为观众带来直观、震撼的新闻报道。

无人机在新闻拍摄中的应用，不仅仅局限于灾难题材。在环境保护、城市规划、大型活动报道等领域，无人机同样发挥着不可替代的作用。它们可以飞越森林、河流，监测生态环境的变化；可以鸟瞰城市建设的进展，为报道提供宏观视角；甚至可以在体育赛事中，捕捉到运动员在空中完成动作的精彩瞬间。无人机的高清摄像头和稳定的飞行性能，确保了新闻画面质量的同时，也极大地拓展了新闻采集的范围和深度。

随着无人机技术的不断成熟，新闻机构开始探索更加智能化的无人机新闻采集模式。例如，搭载红外线传感器和生命探测设备的无人机，可以在搜救行动中快速定位被困者；而集成5G通信模块的无人机，则能够实现实时高清图像传输，大幅缩短新闻从采集到发布的时间。这些创新应用不仅提高了新闻报道的效率，也推动了新闻行业向更加科技化、智能化的方向发展。

2. 传感器用于环境监测和灾害报道的数据收集

传感器能够实时收集大量精确的数据，这些数据不仅有助于理解事件的即时状况，还能预测未来的趋势。例如，在环境监测方面，安装于不同地点的空气质量传感器可以持续记录$PM_{2.5}$、二氧化硫等污染物浓度的变化，为公众提供直观且及时的空气污染信息。当这些数据与地理信息系统（GIS）相结合时，记者就能制作出动态的地图，展示污染扩散路径及其影响范围。这种可视化呈现方式让读者更容易理解复杂的环境问题，并激发他们对环境保护的关注和行动。同时，传感器还可以部署在河流、湖泊等水体周围，监控水质变化，对于突发性水污染事件能迅速发出警报，使相关部门和媒体能够快速响应，采取必要的措施保护公共健康。

面对自然灾害，传感器的作用更加凸显。它们可以在地震、洪水、泥石流等灾害发生前后的关键时期提供重要情报。比如，地震预警系统中的加速度计和位移传感器能够在地震波到达之前检测到震动信号，并通过算法计算震源位置和强度，提前几秒至几十秒向周边地区发出警报。这宝贵的预警时间可以让更多人逃离危险区域，减少人员伤亡。而在灾害发生的现场，土壤湿度传感器、地下水位传感器等则可以帮助评估次生灾害的风险，如滑坡或洪涝的可能性。媒体利用这些数据不仅可以进行准确的灾情报道，还能为救援工作提供科学依据。随着物联网的发展，越来越多的智能设备被集成到传感器网络中，使得数据传输更加高效，分析处理更为便捷。这不仅提高了新闻报道的速度和准确性，也增强了媒体服务社会的能力，确保了信息传播的社会价值最大化。

3. 新兴技术带来的隐私和伦理挑战

随着无人机和传感器等新兴技术在新闻采集领域的广泛应用，它们在提升报道效率和质量的同时，也带来了不容忽视的隐私和伦理挑战。无人机的高空拍摄能力，使其能够轻松进入私人领空，捕捉到未经授权的个人信息，这无疑对个人隐私构成了威胁。在新闻报道中，如何平衡公众的知情权与个人的隐私权，成为新闻工作者必须面对的问题。例如，在使用无人机进行灾难报道时，如果不加区分地记录和传播受灾群众的私人画面，可能会对他们的心理造成二次伤害。

传感器技术的应用同样存在伦理争议。在新闻报道中，传感器可以用来收集数据，增强报道的准确性，但如果不明确告知并取得被收集者的同意，这种数据采集行为就可能侵犯个人隐私。尤其是在涉及敏感话题如健康、家庭等报道时，新闻机构必须谨慎行事，避免滥用技术手段，尊重被报道对象的隐私权利。这些挑战要求新闻从业者不仅要掌握先进的技术，更要有高度的伦理自觉和社会责任感。

面对这些挑战，新闻行业需要建立健全的监管机制和伦理准则。例如，制定无人机操作规范，明确其在新闻报道中的使用范围和限制；加强对新闻工作者的伦理教育，提高他们对隐私保护的意识；同时，公众也需要被教育，了解新兴技术可能带来的隐私风险，以及如何保护自己的个人信息。通过这些措施，可以在保障新闻报道自由的同时，有效维护个人隐私和社会伦理秩序，推动新闻采集技术的健康发展。

第二节　新闻编辑的个性化与互动性

一、个性化的新闻产品定制

（一）基于用户偏好的内容推荐算法

1. 算法推荐系统的原理和技术实现

在融媒体环境中，基于用户偏好的内容推荐算法正在重塑新闻编辑的个性化定制方式。通过分析用户的浏览历史、互动行为和兴趣标签等多维度数据，算法能够构建出一个精细的用户画像，进而预测用户可能感兴趣的内容。推荐系统的核心在于机器学习模型的应用，它能从海量的数据中自动提取特征，并根据这些特征对新闻内容进行分类、排序和个性化推荐。例如，深度神经网络可以用来识别图像中的视觉元素，自然语言处理技术则帮助理解文章的主题和情感倾向，结合时间序列分析预测趋势走向，从而为用户提供高度相关且时效性强的信息流。这种智能推荐机制不仅提高了信息传递效率，也增强了用户体验，让用户更容易找到符合个人喜好的新闻报道。

为了确保推荐内容的质量和多样性，算法设计者还融入了多种策略来优化推荐效果。一方面，采用混合推荐方法，将协同过滤与内容基础推荐相结合，既能利用群体智慧又能照顾到个体差异。另一方面，引入冷启动解决方案，对于新用户或新发布的新闻内容，系统会根据相似性原则或者热门程度进行初步推荐，随着数据积累逐渐调整推荐结果。此外，算法还会定期评估推荐效果，通过 A/B 测试等方式不断迭代改进，以适应不断变化的用户需求和技术环境。同时，为了防止“信息茧房”现象，即用户只接触到自己感兴趣的狭窄领域内的信息，系统会在推荐列表中适当加入不同主题的内容，鼓励用户探索未知领域，拓宽视野。这样的做法不仅促进了新闻消费的多样化，也维护了公共舆论空间的健康生态。

2. 用户行为分析对于个性化服务的意义

在融媒体时代，用户行为分析对于个性化新闻服务的意义不言而喻。通过对用户在新闻平台上的浏览、点赞、评论、分享等行为的深度挖掘，内容推荐算法能够精准描绘出用户的兴趣图谱，从而实现新闻内容的个性化推送。这种基于用户偏好的内容推荐，不仅能够提升用户的阅读体验，增加用户对新闻平台的黏性，还能够有效提高新闻内容的传播效率，实现信息的价值最大化。

用户行为分析的核心在于理解用户的阅读习惯和兴趣变化。在信息爆炸的时代，用户面临着信息过载的问题，而通过分析用户行为，算法能够帮助用户从海量的新闻中筛选出他们最感兴趣的部分。例如，一位用户如果经常浏览科技新闻，那么算法就会逐渐增加这一领域的新闻在其信息流中的比重，从而满足用户的专业化、个性化需求。这种精准的匹配，不仅提升了用户获取信息的效率，也使得新闻平台能够更好地服务于用户，建立起长期的用户关系。

然而，用户行为分析并非一劳永逸的。用户的兴趣和需求是动态变化的，这就要求内容推荐算法具备实时学习和适应的能力。新闻平台需要不断优化算法，以捕捉用户的最新行为数据，及时调整推荐策略。此外，为了避免陷入“信息茧房”，算法在设计时还需考虑多样性和平衡性，确保用户能够接触到多元化的信息，促进用户的全面发展。通过这样的用户行为分析，新闻平台不仅能够提供更加个性化的服务，还能够促进新闻内容的创新和新闻价值的提升。

3. 应对“信息茧房”效应的策略

面对“信息茧房”效应，新闻编辑团队和算法开发者正在探索一系列创新策略，以确保用户能够接触到多元化的信息。一个关键方法是引入随机化推荐元素，在个性化推荐的同时，系统会不定期地向用户展示一些他们未曾关注或完全陌生领域的内容。这种做法打破了用户长期处于的自我选择的信息循环，鼓励他们探索更广阔的世界。例如，当用户习惯性地浏览科技类新闻时，系统可能会偶尔推送艺术、文化或者国际关系方面的文章，这样的非预期内容能激发用户的兴趣，促进跨领域的知识交流与理解。

为了进一步优化信息多样性，新闻平台还可以实施主题轮换机制，按照时间周期或特定事件调整推荐的重点领域。这不仅有助于覆盖更多类型的新闻事件，也能响应社会热点话题的变化。同时，平台可以利用社区互动功能，如评论区的热门讨论、用户投票以及专题小组等，让用户参与到内容的选择过程中。通过这些互动方式，用户不仅能表达自己对某些话题的看法，还能看到其他人的观点，从而意识到不同视角的存在。此外，平台可以通过策划特别报道或系列专题，引导用户深入思考复杂问题的不同方面，避免因过度依赖单一信息源而形成的偏见。这种做法既增强了新闻产品的深度和广度，也为用户提供了更加丰富和全面的资讯体验。

（二）定制化新闻体验的设计原则

1. 如何根据不同受众群体调整内容格式

在融媒体环境下，定制化新闻体验的设计原则要求新闻编辑充分考虑不同受众群体的特点和需求，灵活调整内容格式，以实现新闻信息的有效传递和深度共鸣。对于年轻受众群体，他们更倾向于快速、直观的信息接收方式，因此，新闻内容可以采用图文并茂、短视频等形式，结合动态图表和互动元素，使信息传递更加生动和有趣。例如，在报道科技新闻时，可以运用动画演示复杂的科学原理，或者在体育新闻中使用 GIF 动图来重现比赛中的精彩瞬间，这样的内容格式不仅能够吸引年轻用户的注意力，还能提高他们的参与度和分享意愿。

对于中老年受众群体，他们的阅读习惯可能更倾向于传统的文本形式，注重内容的深度和详尽性。因此，新闻编辑在定制内容时，应当采用大字体、清晰的排版和简洁的叙述风格，以便这部分受众能够轻松阅读。同时，可以结合专题报道和深度分析，满足他们对新闻背景和内涵的探究需求。例如，在报道政治事件时，除了提供事件的基本信息，还可以加入专家解读和历史背景分析，帮助中老年受众更好地理解新闻背后的深层含义。

针对不同文化背景和专业领域的受众，新闻编辑应当采取差异化策略，提供更加专业化和个性化的内容。例如，对于学术背景的受众，可以提供专业术语解释和学术资源连接；对于非专业人士，则应采用通俗易懂的语言，将复杂的概念转化为易于理解的信息。这种精细化、分众化的内容格式调整，不仅能够提升新闻产品的吸引力，还能够增强新闻机构的品牌形象，建立起与不同受众群体的深度连接。通过这样的设计原则，新闻编辑能够在融媒体时代为受众提供更加贴合其需求的新闻体验，实现新闻价值的最大化。

2. 跨文化和跨年龄层的内容适应性考虑

新闻编辑需要深刻理解不同文化背景和年龄段受众的偏好与需求，确保信息传递的有效性和共鸣感。对于跨文化内容，编辑团队必须考虑到各种文化的独特价值观、社会规范以及沟通风格，避免因文化差异而产生的误解或排斥。例如，在国际报道中，采用本地化的视角讲述全球故事，可以增强不同地区受众的情感连接。同时，融入多元文化元素，如语言、习俗和艺术形式等，使新闻内容更加丰富多彩，吸引更广泛的读者群体。这种做法不仅促进了文化交流，也为新闻产品带来了新的创意灵感。

针对跨年龄层的内容适应性，新闻编辑应灵活调整信息呈现方式和技术手段，以满足各年龄段用户的使用习惯和技术接受度。年轻一代倾向于通过移动设备快速浏览简短且视觉丰富的资讯，因此，短视频、动态图表和互动式内容更能引起他们的兴趣。而对于较为年长的用户，可能更偏好深度阅读和详尽分析，传统文本格式结合音频解说或视频访谈等形式，则能提供更为舒适的消费体验。此外，考虑到技术素养的不同，简化操作流程、优化界面设计，并提供多渠道获取路径，是实现跨年龄层传播的重要策略。新闻编辑还应当关注如何在保持核心信息不变的前提下，适配不同的展示平台和终端设备，确保每位用户都能无障碍地获取到有价值的新闻内容。通过这样的努力，融媒体环境下的新闻产品能够更好地服务于多样化的需求，建立起跨越代际的广泛影响力。

3. 个性化服务对用户体验的影响评估

个性化服务对用户体验的影响是多维度、深层次的，其评估需要从用户满意度、参与度、忠诚度等多个角度进行综合考量。

第一，个性化服务能够提升用户满意度，这是评估其影响的核心指标。通过精准的内容推荐和定制化的界面设计，用户能够更快速地找到自己感兴趣的新闻，减少在海量信息中搜寻的时间成本，从而提升整体的阅读体验。这种满意度不仅体现在用户对新闻内容的认可上，还体现在对平台服务能力的肯定上。例如，当用户发现自己常读的财经新闻被智能地汇集在一个专门的板块时，他们会感到平台的贴心和高效，这种正向的情感反馈是用户体验提升的直接体现。

第二，个性化服务对用户参与度的影响同样显著。在融媒体环境下，用户的互动和参与成为衡量新闻传播效果的重要标准。个性化服务通过提供评论、分享、投票等互动功能，以及根据用户行为调整内容呈现，激发了用户的参与热情。用户不再是被动的信息接收者，而是新闻互动和传播的积极参与者。这种参与度的提升，不仅增强了用户与新闻平台之间的联系，还促进了用户之间的交流，形成了良性的社区互动氛围。然而，评估个性化服务对用户体验的影响，还需考虑到可能的负面效应。例如，过度个性化的内容推荐可能导致用户陷入“信息茧房”，限制了信息的多样性和视野的拓宽。因此，评估时需要平衡个性化服务的利与弊，确保用户体验的提升不会以牺牲信息生态的多样性为代价。

第三，个性化服务对用户忠诚度的塑造不容忽视。在竞争激烈的媒体市场中，用户忠诚度是新闻平台长期发展的关键。个性化服务通过满足用户的个性化需求，使用户感受到平台的独特价值和关怀，从而建立起强烈的品牌认同感。这种认同感是用户持续使用平台、推荐平台给他人使用的重要动力。因此，在评估个性化服务时，需要长期跟踪用户的留存率和推荐率，以此来衡量个性化服务在提升用户体验和培养用户忠诚度方面的实际效果。通过这样的综合评估，新闻平台能够不断优化个性化服务策略，实现用户体验与平台发展的双赢。

二、增强互动性的编辑实践

（一）评论区管理和用户反馈机制

1. 构建健康的在线讨论社区

媒体平台需要建立一套完善的评论区管理和用户反馈机制，确保对话环境既开放包容又有序可控。为了实现这一目标，编辑团队可以引入先进的技术工具和管理策略。例如，通过自然语言处理技术自动识别和过滤掉恶意言论、仇恨言论或不实信息，为用户提供一个安全的交流空间。同时，平台应鼓励建设性的对话，设立明确的社区准则，提倡理性表达观点，尊重不同意见，并对积极贡献的用户给予认可。这不仅能提升用户的参与感和归属感，还能促进高质量内容的产生。此外，媒体可以通过定期举办线上活动，如专家访谈、主题辩论等，来激发公众的兴趣，引导他们围绕热点话题展开深入讨论。这些措施共同作用，有助于形成一个充满活力且富有教育意义的在线社区。

有效的用户反馈机制也是增强互动性的关键环节。媒体机构应当重视来自用户的每一条建议和批评，将其视为改进服务和内容的重要依据。为此，可以设置专门的反馈渠道，确保用户的意见能够快速直达相关部门。更重要的是，要建立透明的响应流程，让用户清楚地知道他们的声音被听到并且正在被处理。例如，对于涉及事实核查的反馈，编辑团队应及时跟进调查，并公开纠正错误；对于功能改进建议，则可以在产品更新日志中提及采纳情况。这种双向沟通模式不仅拉近了媒体与受众之间的距离，还增强了用户的信任度和支持度。与此同时，利用数据分析技术跟踪用户行为模式，可以帮助编辑更精准地捕捉到用户的潜在需求，从而调整内容策略，提供更加个性化的体验。通过不断优化互动机制，融媒体平台能够在满足用户需求的同时，推动自身的发展壮大。

2. 用户参与新闻制作的方式

在融媒体背景下，新闻编辑的互动性成为提升用户体验、增强媒体影响力的重要手段。用户参与新闻制作的方式日益多样化，这不仅打破了传统新闻生产的壁垒，也为新闻报道的创新注入了活力。

一方面，媒体平台可以设置“用户投稿”板块，鼓励用户将自己身边的新闻线索、观点见解以文字、图片、视频等形式上传。这种做法不仅丰富了新闻来源，也让用户从被动接收信息转变为主动参与新闻制作。例如，一些突发事件的现场报道，往往是由现场目击者第一时间上传的素材构成，这些素材的真实性和时效性，为新闻报道提供了有力支撑。

另一方面，媒体可以利用大数据技术，对用户在评论区、投票区的互动数据进行挖掘分析，从而精准把握用户需求和兴趣点。在此基础上，开展“选题众筹”活动，让用户参与到新闻选题的决策过程中。这种方式使得新闻报道更贴近民生、更具有针对性。例如，针对某一热点事件，媒体可以发起投票，让用户选择他们最关心的问题，进而根据投票结果进行深入报道。

通过以上方式，新闻编辑的互动性得到了有效提升，用户不再是新闻的旁观者，而是新闻生产的参与者。这种变革不仅拉近了媒体与用户的距离，也为新闻报道的创新提供了源源不断的动力。在这个过程中，媒体需要不断完善评论区管理和用户反馈机制，确保用户参与的积极性和新闻内容的品质。

3. 反馈循环对于改进新闻产品的价值

反馈循环在融媒体背景下的新闻产品改进中扮演着不可或缺的角色。通过有效的用户反馈机制，编辑团队能够直接获取来自受众的第一手意见，这些意见不仅是对现有内容的认可或批评，更是优化和创新的宝贵资源。当评论区被妥善管理时，它就变成了一个开放式的交流平台，用户可以在这里表达自己的看法、提出疑问或是分享个人经历，而编辑团队则能从中挖掘出有价值的信息点，为后续的内容创作提供灵感。例如，针对一篇关于健康生活的文章，如果读者纷纷留言表示对其中提到的某种饮食方法感兴趣，编辑就可以考虑围绕这个话题策划更深入的专题报道或者邀请专家进行访谈。这种基于用户反馈的内容调整，不仅提升了新闻产品的相关性和吸引力，也增强了用户的参与感和归属感。

新闻编辑还可以利用反馈循环来评估和迭代自身的运营策略。当用户反馈机制设计得足够灵活，允许用户轻松提交建议或报告问题时，编辑部便能够快速响应并采取行动。对于收到的每一条反馈，无论是正面评价还是建设性批评，编辑团队都应认真对待，并将其转化为实际行动。比如，用户可能指出某类新闻更新频率过低，影响了他们的阅读体验，编辑部据此可以重新审视发布计划，增加该类新闻的更新速度。同时，为了确保反馈的有效性，编辑部还应该建立透明的沟通渠道，让用户了解他们提出的建议是如何被采纳和实施的。这样的透明度有助于建立信任，鼓励更多用户积极参与到新闻产品的改进过程中，形成良性互动的社区文化。反馈循环因此成为连接编辑与用户的重要桥梁，推动新闻产品不断向更加个性化和互动性的方向发展。

（二）利用多媒体元素促进用户参与

1. 视频、音频和其他富媒体组件的应用

在融媒体时代，新闻编辑的互动性不仅仅局限于文字交流，更体现在多媒体元素的广泛应用上。视频、音频等富媒体组件的融入，为新闻内容的表现形式带来了革命性的变化，极大地提升了用户的参与度和体验感。

视频新闻的兴起，让用户能够更加直观地感受到新闻现场的氛围，增强了信息的真实性和感染力。新闻编辑通过精心剪辑的视频片段，不仅能够讲述完整的故事，还能在短时间内吸引用户的注意力。例如，在报道重大事件时，实时更新的视频直播不仅让用户第一时间获取信息，还通过弹幕、评论等功能，让用户在观看的同时参与互动，表达自己的观点和情感。这种互动方式不仅加深了用户对新闻事件的了解，也为新闻制作提供了即时反馈。

音频新闻同样在增强互动性方面发挥着重要作用。随着播客、有声读物的流行，音频新闻以其便捷性和伴随性，成为用户获取信息的新途径。新闻编辑通过制作专题音频节目，邀请用户参与话题讨论，或者通过声音识别技术，让用户的声音成为新闻报道的一部分。这种沉浸式的互动体验，让用户感受到自己的声音被听见，从而激发了更深层次的参与热情。

除了视频和音频，其他富媒体组件如互动图表、360 度全景图片、虚拟现实等，也为新闻编辑提供了丰富的工具。这些多媒体元素的应用，不仅让新闻内容更加生动有趣，还能通过用户的点击、拖拽等操作，实现信息的个性化探索。例如，在报道经济数据时，通过互动图表，用户可以自主选择查看不同时间段或不同类别的数据，这种参与感强的信息获取方式，让用户在互动中加深对新闻内容的理解。

综上所述，多媒体元素的应用已成为提升新闻编辑互动性的关键策略。通过不断创新多媒体表现形式，新闻编辑能够更好地吸引用户参与，进而提高新闻内容的传播效果和用户黏性。在这个过程中，新闻编辑需要紧跟技术发展，探索更多元化的互动方式，以满足用户日益增长的互动需求。

2. 通过虚拟现实和增强现实提升沉浸感

在融媒体背景下，虚拟现实和增强现实技术为新闻编辑带来了前所未有的互动性和沉浸感。这些技术打破了传统新闻报道的二维界限，使用户能够身临其境地体验新闻事件。例如，在报道重大历史纪念活动或自然灾害时，通过 VR 技术创建逼真的三维场景，用户可以戴上 VR 设备仿佛置身于事件现场，从不同角度观察细节，感受环境氛围。这种深度沉浸式的体验不仅增强了信息传递的效果，还激发了用户的同情心和社会责任感。同时，对于一些复杂的数据集或科学发现，利用 AR 技术可以在真实世界的基础上叠加数字信息，如通过手机摄像头观看城市天际线的同时显示建筑的历史背景或环保指标，实现了知识的直观化传播。这样的创新实践让新闻不再局限于文字和图片，而是变成了一个可探索、可互动的信息空间。

多媒体元素的应用进一步促进了用户的主动参与。当新闻内容融入 VR 和 AR 时，编辑团队不仅仅是内容的生产者，更是用户体验的设计者。他们精心策划交互路径，设置任务和挑战，鼓励用户在虚拟环境中进行探索和学习。比如，在文化遗产保护的专题报道中，用户可以通过 AR 应用扫描文物照片，解锁隐藏的故事片段，甚至参与到虚拟修复工作中，这不仅增加了趣味性，也加深了对主题的理解。此外，借助社交平台的力量，用户还能分享自己的发现和心得，形成社区讨论，从而扩大新闻的社会影响力。随着技术的进步，未来的新闻编辑将更加注重创造性的互动设计，融合更多样化的媒体形式，让用户成为故事的一部分，共同构建一个充满活力的公共交流平台。

3. 游戏化元素融入新闻以提高用户黏性

在融媒体环境下，新闻编辑的创新不仅仅局限于内容的生产与呈现，更在于如何通过互动性的提升来增强用户的黏性。游戏化元素的融入，为新闻编辑提供了一种新颖且有效的方式，它将娱乐性与教育性相结合，让用户在参与中学习，在游戏中思考。

游戏化新闻的核心在于将游戏的激励机制和互动特性融入到新闻内容中，从而吸引用户持续关注和参与。例如，新闻平台可以设计一系列基于新闻事件的小游戏，如知识问答、情境模拟、角色扮演等，用户在参与游戏的过程中，不仅能够获取新闻信息，还能通过完成挑战、解锁成就等方式获得成就感。这种设计巧妙地将新闻传播与用户互动结合起来，让用户在轻松愉快的氛围中加深对新闻事件的理解和记忆。

游戏化元素还能通过视觉和听觉的丰富体验来提升用户的参与度。例如，在报道复杂的政治事件或经济数据时，新闻编辑可以采用互动图表和动画，让用户通过拖拽、点击等操作来探索信息，这种互动不仅降低了信息理解的难度，也增加了用户探索的乐趣。同时，结合排行榜、积分系统等游戏化机制，可以激发用户的竞争心理，促使他们在分享、讨论新闻内容的同时，不断提升自己的参与度。

游戏化元素的融入，实际上是对新闻传播方式的一种创新性颠覆。它打破了传统新闻的单向传递模式，构建了一个双向互动、多维度体验的传播环境。在这种环境下，用户不再是被动接收信息的旁观者，而是积极参与、主动探索的新闻参与者。这种转变不仅提高了用户的黏性，也为新闻内容的深度传播和品牌形象的塑造提供了新的可能。因此，新闻编辑在实践过程中，应当注重游戏化元素的合理运用，确保其在提升互动性的同时，不损害新闻的专业性和严肃性。

第三节　新闻报道的多媒体与跨平台整合

一、多媒体叙事技巧的发展

（一）图文并茂的故事讲述方式

1. 文字与图片、图表结合的优势

文字与图片、图表的结合不仅丰富了信息的表达形式，更强化了故事的情感传递和逻辑清晰度。图像具有瞬间吸引注意力的能力，能够直观展示事件现场或人物情感，而文字则提供背景信息、深入分析以及解释图像无法直接传达的内容。例如，在报道复杂的经济现象时，通过精心设计的图表将数据可视化，可以使得抽象的数字变得易于理解，并揭示出隐藏的趋势和模式。这样的组合让读者不仅能快速获取关键信息，还能对整个事件有更加全面的认识。同时，高质量的图片和图表还可以激发读者的好奇心，引导他们进一步阅读相关文字内容，从而加深对主题的理解。

多媒体叙事技巧的发展还体现在如何巧妙地利用不同元素之间的互补性来增强报道效果。当文字、图片和图表共同作用时，它们之间形成了一个有机的整体，每一种媒介都在这个整体中扮演着不可或缺的角色。对于一些社会议题的深度报道，记者可以通过一组富有冲击力的照片捕捉到问题的核心场景，再配以简洁有力的文字说明，帮助公众迅速把握问题的本质。图表则用于补充统计数据，为讨论提供坚实的基础。这种多维度的信息呈现方式，不仅提高了新闻报道的可信度，也促进了信息的有效传播。此外，随着社交媒体和移动设备的普及，图文并茂的内容更容易被分享和扩散，形成广泛的社交讨论，进而提升新闻的社会影响力。在这个过程中，媒体人不断探索新的组合方式和技术手段，力求每一次报道都能带给读者全新的阅读体验。

2. 数据可视化在新闻报道中的应用

在融媒体背景下，新闻报道的多媒体叙事技巧得到了前所未有的发展。其中，数据可视化作为一种新兴的叙事手段，在新闻报道中的应用日益广泛。数据可视化通过对复杂数据的整理、分析和呈现，使新闻报道更加直观、生动，有效提升了信息的传播效果。

数据可视化在新闻报道中的应用，首先体现在对大量数据的挖掘和解读上。在信息爆炸的时代，如何从海量数据中提炼出有价值的信息，成为新闻报道的重要课题。数据可视化通过图表、地图等形式，将抽象的数据具象化，帮助读者快速把握新闻事件的脉络。例如，在报道经济发展、人口普查等话题时，运用数据可视化手段，可以直观地展示各地区的经济数据、人口分布等情况，让读者一目了然。

其次，数据可视化在新闻报道中起到了情感共鸣的作用。传统的文字报道往往难以直观地表达情感，而数据可视化则可以通过色彩、形状等视觉元素，传递出新闻事件背后的情感价值。例如，在报道环保问题时，通过将污染数据可视化，可以让读者更加直观地感受到环境污染的严重性，从而引发共鸣，增强报道的影响力。

总之，数据可视化在新闻报道中的应用，不仅提升了信息的传播效率，还丰富了新闻报道的表现形式。随着技术的不断进步，数据可视化将在新闻报道中发挥更大的作用，为读者带来更加立体、多元的新闻体验。

3. 长图、H5 页面等形式的创意运用

长图将复杂的信息简化成一目了然的视觉故事，通过精心设计的排版、色彩搭配和图像选择，使读者能够在滚动浏览的过程中轻松理解事件全貌。这种形式尤其适用于时间线清晰或地理位置相关的新闻，如历史回顾、重大事件进展或是旅游景点介绍。长图不仅能够承载大量的文字信息，还可以融入图表、插画甚至小动画，使得内容更加生动有趣。例如，在报道一项重要的政策变化时，长图可以通过分段展示政策背景、实施过程以及预期影响，帮助公众快速抓住关键点，同时吸引他们深入阅读每个部分的具体细节。

H5 页面则提供了更为丰富的互动体验，它结合了视频、音频、动画、游戏等多种元素，创造出一个集成了多种感官刺激的数字环境。新闻编辑可以利用 H5 页面构建沉浸式的故事场景，让用户不仅仅是被动地接收信息，而是主动参与到新闻体验中来。比如，在一次环保主题的报道中，H5 页面可以设置用户选择不同行为路径的情景模拟，展示个人行动对环境的影响，这样的互动方式既教育了公众又增强了他们的参与感。此外，H5 页面还支持社交分享功能，鼓励用户将自己的探索成果分享给朋友，进一步扩大了新闻的传播范围。随着技术的发展，多媒体叙事技巧不断创新，新闻工作者也在不断探索如何更好地利用这些工具，让新闻报道变得更加引人入胜，以适应日益多样化的受众需求。

（二）视频和直播在新闻中的地位

1. 短视频平台上的新闻传播特点

在融媒体背景下，短视频平台凭借其便捷性、互动性强等特点，迅速成为新闻传播的重要渠道。短视频新闻传播具有以下显著特点：一是信息传递速度快，短视频时长一般在 15 秒至 5 分钟之间，能够在短时间内传递核心信息，满足现代人快节奏的生活需求；二是表现形式丰富，短视频融合了文字、图片、音频、视频等多种元素，使得新闻更具吸引力；三是用户参与度高，短视频平台评论区成为新闻讨论的新阵地，用户在观看新闻的同时，可以实时发表观点，形成互动。

随着 5G 技术的普及，短视频新闻传播的优势进一步凸显。一方面，短视频平台通过算法推荐，实现了新闻内容的个性化推送，提高了新闻的到达率和阅读率；另一方面，短视频新闻生产流程的简化，使得专业媒体和自媒体都能快速响应热点事件，拓宽了新闻报道的视角和深度。在此基础上，短视频平台正逐渐成为新闻报道创新的重要领域，推动着新闻传播方式的变革。

2. 直播新闻的策划与执行要点

直播新闻在融媒体环境中占据着越来越重要的地位，它以其即时性和互动性为观众提供了前所未有的参与感。成功的直播策划和执行需要精心准备和灵活应变。在策划阶段，编辑团队必须深入了解事件背景，明确直播目标，选择合适的播出时间和平台，确保能够吸引最大范围的目标受众。同时，为了保证内容的丰富性和连贯性，团队会提前规划好直播流程，包括嘉宾邀请、现场采访安排、话题讨论顺序等，并准备好备用方案以应对可能出现的变化。技术方面，高清摄像头、稳定网络连接以及高效的音视频处理设备是必不可少的基础保障。为了提升观看体验，还可以利用无人机航拍、移动报道车等多种手段捕捉不同视角的画面，让观众仿佛置身于事件的核心地带。

执行过程中，实时互动成为直播新闻的一大亮点。通过社交媒体平台或直播应用内置的评论区，观众可以即时发表意见，提出问题，甚至影响报道的方向。主播和记者需要具备良好的沟通技巧，既能及时回应观众的问题，又能保持直播节奏的顺畅。对于突发状况，如意外事件的发生或嘉宾临时变更，团队要迅速调整策略，确保直播的连续性和权威性。此外，后期剪辑也不可忽视，尽管直播强调的是即时性，但适当的剪辑有助于提炼精华，制作成短视频在多个平台上二次传播，扩大影响力。为了增强互动效果，一些直播还会设置投票、抽奖等环节，鼓励观众更深入地参与到节目中来。这样的实践不仅提升了观众的黏性和忠诚度，也为新闻机构创造了更多与公众对话的机会，共同构建一个开放、透明的信息交流环境。

3. 从短视频到长视频的内容梯度建设

在融媒体时代，新闻内容的梯度建设显得尤为重要，从短视频到长视频，形成了一个完整的内容生态链。短视频以其快速、直观的特点，迅速捕捉观众注意力，成为新闻报道的前沿阵地。在此基础上，长视频则以其深度和详尽性，为观众提供了更为丰富的信息和深入的解读。这种内容梯度建设，不仅满足了不同用户群体的需求，也实现了新闻价值的最大化。短视频作为新闻的“快讯”，以其即时性和易传播性，迅速传播事件的核心信息，而长视频则作为“深度报道”，通过详实的背景资料、深入的分析评论，为观众提供全面、立体的新闻解读。这种从快到慢、从点到面的内容布局，不仅丰富了新闻的表现形式，也提升了新闻报道的整体质量和影响力。

随着技术的进步和用户习惯的变化，短视频与长视频之间的界限日益模糊，内容梯度建设呈现出融合趋势。新闻机构开始探索将短视频的即时性和长视频的深度性相结合，创造出一种新型的新闻报道模式。例如，在突发新闻事件中，首先通过短视频快速报道事件发生，随后跟进长视频，对事件进行深入剖析，形成了一种“快速反应 + 深度挖掘”的新闻报道模式。这种模式不仅提高了新闻报道的时效性，也增强了新闻的深度和广度，为用户提供了更加全面、多维的新闻体验。在这种梯度建设中，新闻内容的生产和分发更加精细化，用户可以根据自己的需求和兴趣，选择不同时长和深度的新闻内容，实现了个性化、定制化的新闻消费。

二、跨平台发布策略的制定

（一）多渠道分发的内容适配

1. 不同平台间的内容一致性与差异性

在融媒体时代，多渠道分发的内容适配是新闻报道跨平台整合的关键。为了确保信息的有效传递和用户体验的优化，内容既需要保持一致性又必须体现差异性。内容一致性指的是核心信息和品牌价值在所有平台上的一致传达，这有助于建立统一的品牌形象并增强用户信任。例如，一个重要的政策解读或突发事件报道，在微博、微信公众号、新闻客户端乃至电视媒体上，都应该准确无误地传播相同的核心事实和观点，确保不同渠道的受众获得一致的信息体验。同时，这种一致性还体现在视觉风格、语言风格等方面，使得无论用户通过哪个平台接触新闻，都能迅速识别出这是同一来源的专业报道。

然而，每个平台都有其独特的用户群体和互动模式，因此内容也需根据不同平台的特点进行定制化调整。对于短视频平台如抖音、快手，内容可能更注重视觉冲击力和娱乐性，以吸引年轻用户的注意力；而在专业的财经或科技类网站，则应提供更为深入的数据分析和行业见解。社交媒体平台适合发布简短而有吸引力的消息片段，并鼓励用户评论分享，形成话题讨论；而长篇文章或深度报道则更适合发布在官方网站或专门的应用程序中，为用户提供详尽的阅读体验。此外，考虑到移动设备的小屏幕和碎片化的使用场景，内容设计时还需注重简洁性和快速加载，确保即使在网络环境不佳的情况下也能流畅阅读。这样的差异化策略不仅满足了各平台用户的需求，也最大化了内容的价值和影响力。

内容适配还需要考虑技术层面的因素，包括但不限于视频格式、图片尺寸、链接结构等，确保内容在不同平台上的兼容性和可访问性。随着5G技术和物联网的发展，更多类型的设备将加入到信息传播网络中，从智能手表到车载系统，都将成为潜在的内容分发端点。针对这些新兴平台，新闻编辑团队需要提前布局，研究其特性和用户习惯，开发适应新环境的内容形式。例如，为智能音箱定制音频新闻摘要，或是为增强现实眼镜准备交互式新闻体验。通过精心策划和灵活调整，新闻机构可以在保持内容一致性的基础上，充分利用各个平台的独特优势，实现信息的高效传播和用户的有效触达。

2. 根据平台特性优化内容展示形式

在融媒体环境下，新闻内容的跨平台分发不再是简单的复制粘贴，而是需要根据不同平台的特性进行内容展示形式的优化。例如，在视觉导向的Instagram和抖音上，新闻机构可能会将重点放在视觉元素上，通过创意图像和短视频来吸引用户的注意力，而在微博和Twitter这类强调即时性和互动性的平台上，则可能更注重新闻的时效性和话题性，采用图文结合的快讯形式来迅速传播信息。这种差异化的内容适配策略，不仅能够提升用户体验，还能够增强新闻内容在不同平台上的传播效果。

具体来说，新闻机构在优化内容展示形式时，需要对各个平台的用户行为、内容偏好和技术特点进行深入研究。在 Facebook 上，可以利用其强大的社区功能，发布长篇新闻故事，鼓励用户进行深度讨论；而在 LinkedIn 上，则更适合发布行业分析报告和专业新闻，以吸引专业人士的关注。通过这种精准适配，新闻内容能够在不同平台上发挥最大的影响力，实现信息的有效传播和品牌价值的提升。这种策略的实施，不仅要求新闻编辑具备跨平台运营的能力，也推动了新闻内容生产方式的创新，使得新闻报道更加多元化和个性化。

3. 跨平台营销活动的协调统一

新闻机构需要精心设计多渠道分发的内容适配方案，以适应不同平台的特性和受众习惯。例如，针对社交媒体平台，内容可以更加简短、视觉化，并且带有强烈的互动元素，如短视频、图片和投票等，吸引用户参与和分享。而在专业的新闻网站或应用程序上，则可以提供更深入、详尽的文章报道，配合图表和多媒体资料，满足读者对信息深度的需求。通过这种差异化的内容定制，新闻机构能够在各个平台上保持一致的品牌形象，同时又不失灵活性，满足特定平台用户的偏好。

为了实现跨平台营销活动的协调统一，新闻编辑团队必须建立一个高效的协作机制。这涉及内容策划、制作、发布以及反馈收集等多个环节的紧密配合。利用数据分析工具实时监控各平台的表现，编辑团队可以根据数据调整内容策略，优化发布时间和形式。此外，还可以组织跨部门的工作坊，邀请技术、市场和编辑人员共同探讨如何整合资源，提升用户体验。例如，当推出一个重要专题时，可以在所有平台上同步发起互动话题，鼓励用户在不同场景下参与讨论。同时，通过统一的品牌故事线贯穿整个营销活动，无论是在视频平台上观看预告片，还是在播客中听取专家访谈，用户都能感受到连贯的信息传递，进而增强品牌记忆点。这样的协调不仅提升了单个平台的效果，也促进了多平台之间的协同效应，为新闻机构赢得了更广泛的受众群体。

（二）社交网络与新闻品牌的塑造

1. 社交媒体在品牌推广中的重要性

在融媒体时代，社交媒体已成为新闻品牌塑造的关键战场。其重要性体现在几个方面：首先，社交媒体拥有庞大的用户基础，为新闻品牌提供了广阔的传播空间。通过这些平台，新闻机构能够与用户建立直接的联系，实时传递信息，增强品牌的可见度和影响力。其次，社交媒体的互动性为新闻品牌赢得了更多用户参与和反馈的机会，这些宝贵的用户数据不仅有助于内容优化，还能够提升品牌的亲和力和信任度。最后，社交媒体的算法推荐机制使得高质量的内容更容易获得曝光，从而帮助新闻品牌在信息过载的环境中脱颖而出，实现品牌的差异化定位。

社交媒体的即时性和传播速度，也为新闻品牌在突发事件中展现专业性和责任感提供了舞台。在重大新闻发生时，新闻品牌通过社交媒体的快速反应，不仅能够及时传递信息，还能够通过专业的报道角度和深度分析，展现其独特的品牌价值。这种品牌形象的塑造，不仅增强了用户对新闻品牌的忠诚度，还在一定程度上影响了公众对事件的看法和理解，从而提升了新闻品牌在社会舆论中的地位和作用。因此，社交媒体对于新闻品牌来说，不仅是传播工具，更是品牌形象塑造和品牌价值传递的重要平台。

2. 建立忠实粉丝群体的方法

建立忠实粉丝群体的关键在于提供独特价值和持续互动。新闻机构可以通过内容创新和个性化服务吸引用户关注。例如，创建独家专题或系列报道，深入挖掘热点事件背后的故事，为用户提供不同于其他媒体的视角和见解。通过定期发布深度解析、专家访谈或幕后花絮等形式的内容，不仅能满足粉丝对信息广度和深度的需求，还能增强他们对品牌的认同感。此外，利用社交平台的功能特性，如直播、投票、问答等，鼓励用户参与话题讨论，形成社区氛围。当用户感受到自己的声音被重视，并且能够参与到新闻制作过程中时，他们会更愿意长期追随和支持该品牌。

为了巩固粉丝群体，新闻机构还需要构建一个开放而包容的品牌文化。这意味着要积极倾听用户的反馈并作出响应，无论是正面评价还是建设性批评，都应视为改进的机会。建立专属的会员计划或奖励机制，比如提供限量版内容访问权限、优先参与线下活动的权利或是定制化礼品，以此来表彰活跃用户和忠实支持者。同时，保持与粉丝的情感连接至关重要，通过讲述品牌故事、分享编辑团队的工作日常以及展示记者的个人魅力，可以让品牌更加人性化。这种透明度有助于打破媒体与公众之间的隔阂，建立起基于信任的关系。随着关系的加深，粉丝会从被动的信息接收者转变为品牌的主动传播者，自发地在各自的社交圈中推广喜爱的新闻内容，进一步扩大品牌的影响力和知名度。

3. 多平台协同工作以扩大影响力

在融媒体时代，新闻品牌的塑造不再局限于单一平台，而是需要通过多平台的协同工作来扩大影响力。这种协同不仅体现在内容的一致性上，更在于每个平台特色的充分利用和相互补充。例如，新闻机构可以在 Twitter 上发布快讯，利用其即时性吸引关注，同时在 Facebook 上发布深度报道，利用其社区特性促进用户参与和讨论。在 Instagram 和 YouTube 上，则可以通过视觉和视频内容，以故事化的方式呈现新闻，增强品牌的情感连接。这种多平台的协同作战，形成了一个全方位、多角度的品牌传播网络，使得新闻品牌能够在不同用户群体中留下深刻印象。

此外，多平台协同工作还能有效提升新闻内容的生命周期。一个新闻事件在发生后，可以通过短视频平台进行快速报道，随后在博客或新闻网站上发布详细分析，最后在社交媒体上进行回顾和讨论，这样的内容循环不仅增加了内容的曝光次数，也使得新闻品牌能够在不同阶段吸引不同类型的用户。通过这种策略，新闻品牌能够在信息海洋中持续发声，不断提升自身的知名度和社会影响力。这种跨平台的协同效应，不仅要求新闻机构具备敏锐的市场洞察力和内容创新能力，还需要高效的团队协作和精细化的运营管理，从而确保新闻品牌在多元化的媒体环境中保持竞争力和可持续发展。

第四章　融媒体环境下的新闻叙事方式变革

第一节　非线性叙事与互动叙事的兴起

一、非线性叙事的特点与发展

（一）打破传统时间轴

1. 多线索并行的故事结构

非线性叙事摒弃了传统新闻报道中线性时间轴的束缚，它不再遵循从过去到现在直至未来的固定顺序。这种叙事方式允许记者通过多线索并行的故事结构来构建报道，给予读者一种全新的信息体验。在融媒体环境中，非线性叙事可以将事件的不同侧面同时呈现给观众，让观众自行决定探索故事的路径和节奏。例如，在一个关于城市发展的专题报道中，记者可以同步展开历史回顾、现状分析以及未来预测三个线索，每个线索独立成篇但又相互关联。观众能够根据个人兴趣选择先了解哪个部分，进而编织出自己对整个事件的理解。这种灵活的信息组织形式不仅增强了报道的层次感，也促进了用户参与度，使他们成为故事的一部分。

借助多媒体平台和技术工具，非线性叙事进一步演化为一种高度互动的体验。记者可以通过超链接、嵌入式视频、图像库等形式，为用户提供丰富的背景资料和补充信息。以一场国际体育赛事为例，除了实时比分和比赛进程外，还可以提供运动员的个人档案、过往战绩、训练花絮等内容。这些元素并非按照时间顺序排列，而是围绕主题有机地结合在一起。观众可以根据自己的好奇心和需求自由穿梭于不同内容之间，获得更加立体和全面的认知。这样的叙事方式打破了单一视角的局限，鼓励观众进行批判性思考，并且有助于培养他们的信息筛选能力和自主学习精神。随着技术的进步，非线性叙事将继续融合更多创新元素，不断重塑新闻传播的边界。

2. 穿插过去和未来的叙述手法

在融媒体环境下，非线性叙事作为一种新兴的新闻叙事方式，正在逐渐打破传统的时间轴束缚。这种叙事手法不再遵循单一的线性时间顺序，而是通过穿插过去和未来的元素，为受众呈现出更为立体、多维的新闻故事。在这种叙事模式下，记者可以灵活地穿梭于不同的时间节点，将历史的沉淀与未来的展望巧妙地融合在一起，使得新闻报道更加丰富和引人入胜。

穿插过去和未来的叙述手法，让新闻报道不再局限于对当前事件的简单记录，而是成为一种连接过去与未来的桥梁。例如，在报道一项科技创新成果时，记者可以回溯该成果的起源，讲述科学家们曾经的探索历程，同时展望这一成果在未来可能带来的变革。这样的叙事方式，不仅让受众了解到新闻事件本身，还能感受到其背后的历史脉络和时代意义，从而增强新闻的吸引力和感染力。

非线性叙事在新闻报道中的应用，还体现在对人物命运的关照上。通过对人物过去经历的挖掘，以及对其未来发展的预测，记者可以塑造出更加饱满、生动的人物形象。这种叙事手法使得新闻报道更具人性化和情感共鸣，让受众在了解新闻事件的同时，也能感受到人物命运的起伏与变迁。在这种叙事方式的推动下，新闻报道将更加贴近现实，传递出更多有价值、有温度的信息。

（二）用户主导的内容体验

1. 根据读者选择推进故事

在融媒体环境中，非线性叙事打破了传统新闻报道的线性时间轴和单向信息传递模式，赋予了用户前所未有的主导权。读者不再仅仅是被动的信息接收者，而是能够根据个人兴趣、关注点或知识背景，自主选择故事的发展路径。例如，在一个关于城市变迁的多媒体专题报道中，用户可以选择从历史沿革、现代发展、未来规划或是居民生活等多个角度切入，每个角度都提供了独特的视角和深度内容。这种个性化的探索方式不仅满足了不同用户的求知欲，也使得新闻故事更加丰富立体。同时，通过设置不同的交互点，如链接到相关视频、图片库、数据图表等，用户可以在阅读过程中随时获取额外的信息资源，深化对主题的理解。这种方式增强了用户的参与感，使他们成为新闻叙述的一部分，而不仅仅是旁观者。

用户主导的内容体验还体现在对故事节奏的掌控上。在非线性叙事框架下，用户可以根据自己的时间和心情来调整浏览速度和信息量。对于那些希望快速了解核心事实的人，可以提供简洁明了的事实概览；而对于想要深入了解事件全貌的用户，则能深入挖掘背后的故事和细节。这一特性尤其适用于复杂的社会议题或长篇报道，它允许用户自行定制学习路径，提高了信息吸收效率。此外，借助先进的算法和技术，平台还能分析用户的偏好，智能推荐相关内容，进一步优化用户体验。如此一来，新闻报道不再是千篇一律的格式化文本，而是变成了一个充满活力、响应迅速且高度个性化的信息生态系统。

2. 提供多种结局的可能性

在融媒体时代，非线性叙事的另一个显著特点是用户主导的内容体验，这种体验在提供多种结局的可能性上表现得尤为突出。不同于传统新闻报道的单一结局，非线性叙事允许用户根据自己的兴趣和判断，选择不同的信息路径，从而探索新闻事件的不同面向和潜在结果。这种叙事方式不仅增强了用户的参与感，也使得新闻内容更加丰富和多元。

提供多种结局的可能性，意味着新闻报道不再是封闭的陈述，而是开放式的探索。记者在报道过程中，可以设计多个情节分支，每个分支都代表一种可能的发展方向。用户在阅读新闻时，可以根据自己的价值观和对事件的解读，选择不同的情节走向。例如，在一篇关于环境保护的报道中，用户可以选择支持严格立法的结局，也可以选择探索技术创新的解决方案，或者了解公众参与环保的行动。这种叙事方式让用户感受到自己的选择对故事走向的影响力，从而提升了新闻的互动性和影响力。

多种结局的叙事策略还能够反映现实世界的复杂性。在现实生活中，一个事件的发展往往有多种可能性，而非线性叙事通过提供不同的结局，模拟了这种现实复杂性。这种叙事不仅能够满足用户对于深度信息的需求，还能够激发用户对于事件背后原因和影响的思考。在这个过程中，新闻不再仅仅是传递信息的工具，而是变成了一个促进公众思考、参与社会议题的平台。这种创新的内容体验，不仅为用户带来了全新的阅读感受，也为新闻报道的多样性和深度探索开辟了新的道路。

二、互动叙事的实现形式

（一）增强现实和虚拟现实

1. 创造身临其境的阅读场景

在融媒体的浪潮中，新闻报道不再局限于传统的线性叙事结构。互动叙事，特别是通过增强现实和虚拟现实技术的应用，为读者创造了前所未有的沉浸式阅读体验。借助这些前沿技术，新闻机构能够将故事从二维的屏幕或纸张中解放出来，带入一个三维的空间，让受众仿佛置身于事件发生的现场。例如，在报道自然灾难时，VR可以构建出受灾地区的全景模型，用户戴上设备后便能“亲临”灾区，直观地感受到灾害的规模和影响，从而加深对事件的理解与同情。同时，AR技术则允许用户在自己的环境中叠加数字信息，比如透过智能手机摄像头观看街头景象的同时，看到有关当地历史、文化或即时新闻的附加信息。这种身临其境的阅读场景不仅增强了信息传递的效果，也增加了公众对复杂问题的参与感和责任感。

新闻叙事的变革还体现在它如何利用AR和VR来改变人们接收信息的方式。这两项技术不仅仅是视觉上的革新，它们更代表了一种交互模式的根本转变。传统媒体通常以单向传播为主，而AR和VR则鼓励双向互动，使受众成为故事的一部分。在一些深度报道中，记者可以通过预设的VR场景让用户选择不同的视角去探索同一个新闻事件，或是通过AR应用程序触发隐藏的内容，随着用户的动作和决策而动态变化。这样的互动形式打破了传统文本和视频的时间顺序限制，赋予了每个读者根据个人兴趣定制化体验的权利。此外，AR和VR还可以用来重现历史时刻或模拟未来情境，提供超越时空界限的学习和理解平台，为新闻报道注入新的活力和可能性。

2. 结合地理定位服务的互动内容

用户在特定地理位置触发新闻故事，通过移动设备屏幕，见证历史事件的虚拟重构，或是探索城市角落的隐藏故事，这种互动性不仅增强了新闻的现场感，也让信息的传递变得更加直观和生动。这种融合了地理定位的互动内容，使得新闻报道不再局限于单一的时间线，而是构建了一个多维度的信息空间。在这个空间中，用户可以根据自己的位置和兴趣，选择不同的视角和路径来探索新闻事件，这种非线性的叙事结构极大地丰富了用户的阅读体验，同时也对新闻内容的生产提出了更高的要求。媒体需要精准地把握用户的地理位置信息，以及与之相关的历史、文化背景，才能创作出既具有教育意义又充满吸引力的互动新闻内容，从而在融媒体的环境中脱颖而出，引领新闻报道的新潮流。

（二）社交媒体平台上的参与式新闻

1. 用户生成内容的作用

在融媒体环境中，社交媒体平台成为新闻传播的重要载体，用户生成内容在这个过程中扮演了不可或缺的角色。用户生成内容不仅仅是传统新闻报道的补充，它已经演变成新闻生产流程中的一部分，改变了新闻叙事的方式。通过 UGC，普通民众能够直接参与到新闻事件的报道和讨论中，他们用手机拍摄的照片、视频，或是即时发布的微博、微信等社交平台上的文字更新，都可能成为新闻素材。这些来自现场第一手的资料往往具有高度的真实性与时效性，它们以一种去中心化的方式打破了专业记者对新闻源的垄断。例如，在突发事件发生时，身处现场的公众可以迅速将信息传递给更广泛的受众，这不仅加快了新闻传播的速度，也使得新闻更加贴近生活，反映了多元化的视角。

UGC 的价值还体现在其增强了新闻的互动性和参与感。社交媒体平台允许用户评论、分享和转发新闻内容，这种交互促进了信息的二次乃至多次传播，形成了一个动态的信息交流网络。更重要的是，UGC 激发了公众对于公共事务的关注度和参与热情，鼓励更多人从被动的信息接收者转变为主动的信息贡献者。随着技术的发展，如直播功能的应用，用户不仅可以实时分享自己的经历，还能与观看者进行即时交流，形成了一种全新的、沉浸式的新闻体验。这种方式不仅增加了新闻的趣味性和吸引力，也为新闻机构提供了宝贵的反馈渠道，有助于改进报道内容和形式，使新闻更好地服务于社会。

2. 社交媒体在互动叙事中的角色

社交媒体平台作为当代信息交流的重要渠道，其在互动叙事中的角色日益凸显，为新闻报道的创新提供了广阔的舞台。在这些平台上，新闻不再是单向传递的信息流，而是变成了一个多向互动、共同参与的过程。用户不仅能够即时评论、分享新闻内容，还能通过发起话题、参与投票、创作相关内容等方式，成为新闻叙事的一部分。这种参与式新闻模式，使得新闻的传播力得到了极大的扩展，同时也增强了用户对新闻事件的共鸣和参与感。

在这种模式下，社交媒体平台成为一个动态的新闻编辑室，用户的声音和视角被纳入到新闻叙事中，形成了多元化的信息格局。记者与受众之间的界限变得模糊，新闻报道因此更加贴近公众的实际需求和情感体验。社交媒体的即时性和广泛性，使得新闻事件能够在短时间内引发大规模的讨论和互动，这种集体的智慧和社会的参与为新闻叙事注入了新的活力，也为新闻报道的深度和广度带来了前所未有的扩展。在这个过程中，社交媒体不仅是新闻传播的加速器，更是推动新闻叙事方式变革的关键力量。

第二节　视觉叙事与沉浸式体验的融合

一、视觉元素的重要性

（一）图片、图表和信息图的应用

1. 强化新闻报道的直观理解

在融媒体环境中，视觉元素如图片、图表和信息图成为新闻叙事不可或缺的一部分，它们以一种超越文字的力量，增强了读者对复杂信息的直观理解。当一个故事被视觉化，它不再仅仅是纸上的墨迹或屏幕上的字符，而是转化为一系列生动的画面，这些画面能够迅速吸引受众的注意力，并有效地传达核心信息。例如，在报道经济数据变化时，静态的文字描述可能难以让普通民众立即把握趋势，而一张精心设计的折线图却能在瞬间揭示增长或衰退的态势。信息图更是将数据与图形巧妙结合，使得统计数字不再冰冷，而变得鲜活可感，从而帮助受众更快速地理解背景、原因及影响。

视觉元素不仅简化了复杂的概念，还通过情感共鸣加深了信息的记忆点。色彩鲜艳的图片或动态的图表可以唤起人们的情绪反应，使新闻事件更加贴近生活，更具人情味。在讲述社会议题或人类故事时，一张触动心灵的照片胜过千言万语，它能激发公众的兴趣和同情心，促使他们进一步探究背后的故事。同时，随着技术的进步，交互式图表和 3D 模型等新型视觉工具的出现，为用户提供了一个探索数据的新维度，允许他们根据自己的兴趣和疑问进行个性化的挖掘，这种互动性极大地提升了用户参与度和沉浸感，也让新闻报道

变得更加立体和丰富。

2. 数据可视化助力复杂信息传递

数据可视化通过将复杂的数据集转化为直观的图片、图表和信息图，不仅提升了信息的传递效率，也让受众在解读新闻时能够迅速抓住核心要点。数据可视化技术的应用，使得新闻报道中的数据不再是冰冷和难以理解的数字堆砌，而是变成了有故事、有温度的视觉元素。这些图形化的数据不仅能够揭示隐藏在数字背后的规律和趋势，还能够通过色彩、形状和布局的设计，增强信息的视觉冲击力，从而更加有效地吸引受众的注意力，提升新闻内容的传播效果。另外，数据可视化在处理大规模和复杂数据时展现出其独特的优势。在新闻报道中，如经济数据、人口统计、环境变化等复杂信息的传递，往往需要受众具备一定的专业背景和理解能力。而通过数据可视化，记者和编辑能够将这些抽象的数据转化为易于理解的视觉叙事，使得普通受众也能快速把握信息的精髓。这种创新的信息传递方式，不仅提高了新闻报道的透明度和可信度，也在一定程度上促进了公众对重要议题的深入思考和积极参与，为融媒体时代的新闻报道注入了新的活力和深度。

（二）视频和动画在新闻中的运用

1. 动态影像提升故事讲述效果

动态影像以其生动的视觉效果和强大的情感感染力，能够将抽象的概念转化为具体的场景，使得故事讲述更加引人入胜。例如，在环境新闻报道中，一段展现森林砍伐前后对比的视频，不仅直观地揭示了生态破坏的程度，还通过视觉冲击触动观众的心弦，激发保护自然的责任感。动画则可以用于解释那些难以用静态图像或文字清晰表达的过程或机制，如气候变化的影响、科技发明的工作原理等。它们以简洁明了的方式呈现复杂信息，帮助公众更好地理解事件背后的科学逻辑和社会意义。

视频和动画还为新闻带来了前所未有的沉浸式体验。通过虚拟现实和增强现实技术的应用，用户不再是被动的信息接收者，而是可以身临其境地参与到新闻事件中。比如，在灾难报道中，利用360度全景视频可以让观众仿佛置身于救援现场，感受到紧张氛围的同时也增强了对灾害严重性的认识。动画模拟也能提供一种预测未来的视角，如城市规划提案可以通过动画展示未来城市的面貌，让市民提前体验可能的变化。这种互动性和参与感能够显著提高公众对新闻内容的关注度和记忆度，同时也推动了新闻传播从单向告知向双向交流的转变。

2. 动画解释抽象概念或历史背景

在新闻叙事的视觉革命中，动画作为一种极具表现力的媒介，正在成为解释抽象概念或历史背景的重要工具。动画的动态特性和艺术创造力，使得那些难以用文字或静态图像清晰表达的概念得以生动呈现，为受众提供了直观且易于理解的视觉体验。例如，在阐述复杂的科学原理、经济模型或深奥的历史事件时，动画能够通过时间轴的推移、空间的转换和元素的变化，将抽象的理论具象化，将遥远的历史拉近至眼前，从而打破知识理解的壁垒，让新闻内容更加深入人心。

动画在新闻中的应用，不仅仅是对事实的补充说明，更是一种叙事的创新。它通过丰富的视觉语言和流畅的叙事节奏，将原本枯燥的信息转化为引人入胜的故事，极大地提升了新闻的吸引力和教育意义。在这种叙事方式下，新闻不再仅仅是信息的传递，而是一场视觉和情感的旅程，受众在享受视觉盛宴的同时，也能够更加深刻地理解和记忆新闻内容，从而实现了新闻传播效果的最大化。动画的这种独特魅力，正在逐渐改变着新闻报道的传统面貌，推动着新闻叙事方式向着更加多元化和深入人心的方向发展。

二、沉浸式技术带来的新机遇

（一）全景视频和 360 度照片

1. 让观众全方位感受事件现场

全景视频和 360 度照片为新闻报道带来了前所未有的沉浸式体验。通过这些技术，观众不再局限于从单一视角观察事件，而是能够全方位、无死角地感受现场氛围。这种新型的视觉叙事手段打破了传统媒体的线性观看模式，赋予了受众更大的自主权去探索故事的不同侧面。例如，在自然灾害或大型活动的报道中，全景视频可以让观众身临其境般地站在灾难的核心区域或是庆典的中心舞台，以第一人称视角体验事件的发展过程。用户可以自由转动视角，选择关注的焦点，甚至放大细节来获得更深入的理解，这种互动式的观看方式极大地增强了信息的真实性和可信度。

沉浸式技术还促进了新闻内容与观众之间的情感连接。当人们能够通过全景影像到一个遥远的地方或是亲身体验一场重要的历史时刻，他们更容易产生共鸣并建立情感纽带。对于一些具有教育意义或社会影响的报道来说，这样的体验尤为重要。比如，记者可以通过 360 度照片带领观众走进偏远山区的学校，展示孩子们的学习环境和日常生活，使公众更加直观地了解现实情况，从而激发社会各界的关注和支持。同时，沉浸式技术也为虚拟旅游、文化遗产保护等领域提供了创新的应用场景，它不仅记录了当前的瞬间，也保存了可能随时间流逝而改变的文化景观，为未来的世代留下宝贵的历史资料。

2. 增加观众对报道内容的参与感

全景视频和360度照片的兴起，为新闻报道带来了前所未有的沉浸式体验，这种技术的应用不仅仅是视觉呈现的革新，更是一种叙事方式的深度转变。它们允许观众通过旋转手机或移动鼠标，自由探索新闻报道中的场景，这种身临其境的感受极大地增加了观众对报道内容的参与感。在这种互动模式下，观众不再是被动接收信息的旁观者，而是主动探索新闻现场的参与者，他们可以在战争遗迹中穿行，或是在自然灾害后的废墟中寻找故事，这种沉浸式体验让新闻报道的情感力量得到了放大，同时也强化了观众对事件的理解和记忆。

这种技术的运用，使得新闻报道的边界得到了扩展，它打破了传统线性叙事的限制，为观众提供了一种全新的视角去理解和感知世界。在这个过程中，记者和编辑的角色也发生了变化，他们不再是单纯的信息提供者，而是成为引导观众进入新闻现场的向导，通过精心设计的全景视频和360度照片，他们能够更加有效地传达新闻的核心价值和深层意义，从而在融媒体的环境中，提升新闻报道的影响力和传播力。

（二）声音景观设计

1. 构建真实的声音环境

声音景观设计通过精心构建的声音环境，记者能够带领听众穿越到故事发生的现场，亲身体验事件的氛围。例如，在报道自然灾害时，背景中适时插入风声、雨声或是人群的喧嚣，可以让人仿佛置身于灾难发生地，感受到紧张与紧迫。这种技术不仅仅是简单的音效叠加，而是对整个听觉场景的深度刻画，它包括了环境噪音的选择、距离感的模拟以及声音层次的安排，每一个元素都经过细致考量，以确保最终呈现的声音效果既自然又富有感染力。利用先进的音频处理技术和环绕声格式，即使是通过耳机收听，也能体验到身临其境般的空间感，极大地增强了新闻报道的情感冲击力。

声音景观设计不仅限于再现物理世界的声音，更在于创造一种情感共鸣的空间。在讲述历史或文化类的故事时，特定时代的音乐、方言对话甚至是日常生活的细微声响都能成为连接过去与现在的桥梁。这些元素共同作用，帮助听众更好地理解那个时代的生活方式和社会风貌。同时，对于一些抽象的概念或者难以用视觉表现的内容，如心理状态的变化、思想的碰撞等，声音提供了独特的表达方式。通过微妙的声音变化来传递情绪的波动，或者是用静默来强调某个瞬间的重要性，这样的手法让听众能够在脑海中构建出更加完整和细腻的故事画面。随着虚拟现实和增强现实技术的发展，声音景观还将进一步融入多媒体平台，为用户带来全方位的感官盛宴，使新闻报道的形式和内容得到全新升级。

2. 音效增强情感共鸣

在融媒体时代的新闻报道中，声音景观设计正成为增强沉浸式体验的关键因素，它通过精心挑选和制作的音效，为观众营造出一个全方位的情感共鸣空间。这些音效不仅仅是背景音乐的简单叠加，而是与新闻报道的主题紧密相连，能够在观众的心中激起共鸣，从而加深他们对新闻事件的理解和感受。例如，在一篇关于环境保护的报道中，鸟鸣和流水声的运用，不仅能够再现自然环境的真实感，还能唤起观众对和谐生态的向往和对环境破坏的反思，使得新闻报道的情感表达更加丰富和深刻。

音效的巧妙运用，让新闻报道不再局限于视觉的冲击，而是转化为一种多感官的体验。在紧急事态的报道中，急促的警笛声和人群的喧哗声能够瞬间抓住观众的注意力，让他们感受到现场紧张的氛围；而在纪念性的报道中，庄严的钟声和悠扬的旋律则能够引发观众对历史的沉思和尊重。这种声音景观的设计，不仅提升了新闻报道的艺术性，也让观众在沉浸式的体验中，更加主动地参与到新闻叙事的过程中，从而实现了新闻传播与受众情感的有效互动。

第三节　故事化与情感化在新闻报道中的应用

一、故事化的新闻写作方法

（一）构建人物驱动型新闻故事

1. 通过个人经历反映社会现象

在融媒体时代，新闻报道不再局限于传统的事件描述，而是逐渐向故事化转变，尤其是通过构建人物驱动型的新闻故事来吸引读者。当记者聚焦于个体的生活经历时，他们能够以更加细腻和感性的方式揭示社会现象背后的复杂性。个人的故事往往蕴含着普遍的情感和挑战，这使得它们成为连接公众与更广泛社会议题的桥梁。例如，通过对一位城市中低收入家庭母亲的日常生活的描绘，我们可以看到住房困难、教育机会不均等问题如何影响普通人的生活选择。这位母亲为了给孩子创造更好的未来所做出的努力和牺牲，不仅展示了个人奋斗的力量，也反映了社会保障体系中的不足之处。

人物驱动型新闻故事的核心在于挖掘那些能够引发共鸣的人物细节。通过深入采访和观察，记者捕捉到受访者独特的性格特征、梦想以及面临的困境，将这些元素编织进叙述之中，使故事既具有真实性又富有感染力。一个生动的例子是讲述一位退休工人重返工作岗位的故事，他之所以这么做，并非因为经济压力，而是出于对职业身份的珍视和对社区贡献的愿望。这种类型的报道超越了表面的现象，深入探讨了老年人再就业的社会意义和个人价值实现的需求。它提醒我们，在快速变化的社会环境中，每个人都在寻找自己的位置，而新闻媒体的任务就是记录下这些寻找过程中的点滴，为社会提供反思的空间。

2. 用故事吸引并保持受众注意力

新闻的故事化写作方法是通过构建人物驱动型新闻故事，记者将抽象的事件转化为具体的人物经历，使得新闻不再仅仅是冷冰冰的事实堆砌，而是充满了人性的温度和情感的力量。这样的故事往往以人物为核心，通过他们的经历、情感和抉择来展现新闻事件的深层含义，从而激发受众的共鸣，让他们在关注人物命运的同时，自然而然地关注到新闻本身。在这种叙事方式下，新闻人物不再是信息的附属品，而是成为故事的灵魂，他们的每一个微笑、每一次泪水，都能够紧紧抓住受众的心，让新闻报道在情感层面上与受众建立起牢固的联系。

故事化的新闻写作，不仅提高了新闻的可读性和吸引力，更重要的是，它通过人物的经历和视角，为受众提供了一个独特的、感性的理解世界的窗口。在这个窗口中，受众能够更加直观地感受到新闻事件背后的社会脉络和人文关怀，这种深度的情感参与使得新闻内容更加难忘，也更有可能在社交媒体上引发广泛的讨论和分享。因此，人物驱动型新闻故事不仅是一种写作技巧的提升，更是新闻报道在融媒体时代实现深度传播和价值传递的重要途径。

（二）情节设计与悬念设置

1. 编织引人入胜的情节发展

一个成功的新闻故事往往包含一系列引人入胜的情节发展，这些情节不仅能够紧紧抓住读者的注意力，还能引导他们深入思考事件背后的复杂性和多面性。例如，在报道一起社会事件时，记者可以通过构建一个从问题浮现到逐步揭开真相的故事线，使受众仿佛置身于一部扣人心弦的悬疑剧中。每一个新的线索、每一次转折都像是一块拼图，最终完整地呈现给读者整个画面。这样的叙事方式使得新闻不仅是信息的传递，更成为一种体验，让读者感受到探索和发现的乐趣。

悬念设置是提升新闻故事吸引力的重要策略之一。巧妙地安排悬念可以激发受众的好奇心，并促使他们继续追踪报道的发展。这不仅仅是提出一个问题然后给出答案，而是在叙述过程中巧妙地隐藏关键信息，适时地抛出疑问，制造紧张感和期待感。当涉及连续性的新闻报道，如长期跟踪某一案件或项目进展时，悬念的运用尤为重要。它能有效地维持公众的兴趣，鼓励人们持续关注后续更新。同时，悬念的解开也常常伴随着情感上的释放，无论是松了一口气还是感到深深的震撼，都能加深读者对事件的记忆和理解。这种情感波动不仅增强了新闻故事的感染力，也为公共讨论提供了更加丰富的素材。

2. 设置悬念激发读者的好奇心

在融媒体时代的新闻报道中，情节设计与悬念设置成为故事化写作的精髓，它们如同精心编织的网，牢牢捕捉着读者的好奇心。通过对新闻事件进行巧妙的情节编排，记者能够在叙事中嵌入一个个悬念，这些悬念如同钩子，不断挑动读者的阅读欲望，驱使他们跟随报道的节奏，一步步深入故事的内核。例如，在一篇关于科技突破的报道中，记者可能会从一项神秘的新发明入手，逐步揭示其背后的原理和应用，同时留下关键的成果悬念，直到文章高潮部分才揭晓，这样的叙事手法让读者在好奇心的驱使下，保持着对报道的高度关注。

悬念的设置不仅仅是简单的信息保留，它更是一种叙事艺术，要求记者在把握新闻事实的基础上，巧妙地安排信息的披露顺序和节奏。在这个过程中，记者需要洞察读者的心理，预测他们对哪些信息感兴趣，哪些转折能够引起他们的惊讶，哪些结局能够满足他们的期待。通过这样的悬念设计，新闻报道不再是单向的信息传递，而是一场充满未知和探索的旅程，读者在参与这场旅程的同时，不仅获得了信息，更体验到了解谜的乐趣，这种体验大大增强了新闻报道的吸引力和影响力。

二、情感化的表达策略

（一）情感连接的建立

1. 强调共同价值和人类共通的情感

新闻报道不仅仅是信息的传递，而是通过情感化的表达策略，建立起与受众深层次的情感连接。这种连接基于对共同价值的强调和人类共通情感的理解。新闻工作者们深入挖掘故事背后的意义，寻找那些触动人心的情节，将它们编织进报道之中。例如，在报道社会议题时，记者可能会聚焦于个体的命运转折，或是群体面对挑战时展现出的坚韧不拔的精神。这样的叙述方式超越了简单的事实陈述，它唤起了读者内心的共鸣，使他们能够从自己的角度去感受、理解和反思事件的本质。同时，通过展现人物的真实情感，如恐惧、希望、爱与牺牲，媒体能够跨越文化和地域的界限，传达出普遍的人性光辉，从而加深公众对于事件的认识，并激发积极的社会行动。

当新闻融入了情感元素，它便成为一种力量，可以凝聚社会共识，促进不同背景人群之间的相互理解。在融媒体环境中，利用多媒体手段强化情感表达成为可能。视频片段、音频采访、图片集锦等多形式的内容，不仅丰富了新闻的表现力，更增强了情感传递的效果。比如，在讲述一个关于社区重建的故事时，不仅仅是用文字描述居民如何克服困难，还可以通过一段段感人的视频剪辑，展示人们齐心协力的画面；或者用一张张照片记录下每一个微笑和泪水交织的瞬间。这些直观且充满感情色彩的素材，使得受众能够在视觉和听觉上直接感受到那份真挚的情感，进而更加深刻地体会到故事所蕴含的价值观。在这种互动式的情感交流过程中，新闻不仅是信息的载体，更是心灵沟通的桥梁，引导着人们共同走向更加美好的未来。

2. 以情感为纽带拉近与读者的距离

在融媒体时代的浪潮中，新闻报道的情感化表达策略显得尤为重要，它不仅传递信息，更是在心灵层面与读者建立深层次的连接。以情感为纽带的新闻报道，能够跨越时空的限制，直抵人心，拉近与读者的距离。记者在采写过程中，应敏锐捕捉事件中的情感元素，通过细腻的笔触和真挚的情感，将新闻事实与读者的情感体验紧密相连。例如，在报道一次自然灾害时，记者不仅描述受灾情况，更深入挖掘受灾群众和救援人员之间的感人故事，这样的报道能够让读者在阅读时产生共鸣，感受到人性的光辉和团结的力量，从而在情感上与报道产生共鸣，形成强烈的情感连接。

情感化的新闻报道还体现在对人物内心世界的深度挖掘上。记者通过访谈、观察等多种方式，捕捉人物的情感细节，将这些细节融入报道之中，让读者在了解新闻事件的同时，感受到人物的真实情感。这种情感的传递，使得新闻报道不再是冷冰冰的事实堆砌，而是有了温度和生命力的故事。在这个过程中，记者成为情感的传递者，新闻报道则成为连接读者与新闻事件、人物之间的桥梁，有效地缩短了读者与新闻事件的心理距离，增强了新闻报道的感染力和影响力。

（二）正面情绪的传播

1. 关注积极的社会变化和个人成长

在融媒体的浪潮中，新闻报道不仅仅是传递信息的工具，它更成为一种能够触动人心、激发共鸣的情感纽带。当涉及正面情绪的传播时，媒体聚焦于积极的社会变化和个人成长，这不仅是对社会正能量的一种肯定，也是为公众提供精神食粮的重要方式。通过细腻地描绘个体在面对挑战时的坚韧不拔，以及他们在逆境中取得的进步，新闻工作者可以创造出一个个生动而感人的故事。这些故事不仅展现了人性的美好面，也激励着更多的人去追求自己的梦想，勇敢地迎接生活中的各种考验。比如，在城市更新项目中，那些曾经破败不堪的老街区，经过社区居民和政府共同努力，逐渐蜕变为充满活力的文化创意园区；或是讲述一位残疾人士如何克服身体障碍，通过不懈努力最终实现了创业的梦想。每一个这样的故事都是一个希望的灯塔，照亮了我们前行的道路。

情感化的表达策略还体现在对细节的关注上。在报道中融入真实的生活片段，可以大大增强故事的感染力。以教育领域为例，当我们关注学校里的微小变革——从教师采用新的教学方法帮助学生更好地理解知识，到学生们因为得到了适当的引导和支持而展现出的学习热情增长，这些看似平凡却充满力量的变化，正是构建和谐社会不可或缺的一砖一瓦。通过对这些瞬间的捕捉，新闻报道能够唤起读者内心深处的温暖与感动，让人们感受到身边无处不在的美好。同时，这种贴近生活的叙事方式也有助于拉近媒体与受众之间的距离，使人们更容易接受并认同所传达的价值观。因此，通过精心挑选和展现那些能引起广泛共鸣的正面案例，融媒体时代的新闻业正逐步建立起一种更加人性化、更具温度的沟通桥梁。

2. 传递希望和正能量，促进社会和谐

传递希望和正能量，不仅能够提升新闻报道的温情指数，更能在社会层面上促进和谐与团结。记者在报道中，应注重挖掘事件背后的积极因素，用充满力量的笔触描绘出那些激励人心的瞬间。例如，在面对疫情等社会危机时，报道可以聚焦于医护人员的不懈努力、社区工作者的无私奉献以及普通人的坚强与互助。这些正面情绪的传递，如同一缕温暖的阳光，照亮了人们心中的阴霾，激发了全社会共同抗击困难的信心和决心。

正面情绪的传播还具有一种特殊的凝聚力，它能够在新闻报道中形成一种向上的力量，引导公众积极面对生活中的挑战。当新闻报道聚焦于科学探索的突破、教育改革的进展、环境保护的成效时，它不仅传递了知识信息，更在情感层面为公众注入了希望和动力。这种情感的共鸣，有助于构建积极向上的社会心态，推动社会向着更加和谐、进步的方向发展。在这个过程中，新闻报道不再是简单的信息传递者，而是成为社会情绪的调节器、正面情绪的放大器，为构建和谐社会提供了不可或缺的情感支持。

三、案例分析：如何利用故事化和情感化提升报道影响力

（一）“靶向式”扶贫打通山沟里的小康路

寺子川乡地处通渭县北部，常年干旱少雨，地形陡峭，沟壑纵横，交通不便，是通渭县相对落后乡镇，而山坪村位于寺子川乡北部，距乡政府 17 千米，自然条件极其恶劣，人均耕地面积只有 2.7 亩，产业结构单一滞后，基础设施欠账严重，是名副其实的深度贫困村。全村人口 202 户 929 人，2013 年建档立卡贫困户 88 户 391 人，贫困发生率 42%。面对艰巨的扶贫任务，市司法局党组本着“真扶贫，扶真贫”的原则，在深入开展调查研究的基础上，分析致贫原因，制订帮扶计划，并先后投入近 20 余万元用于培育主导产业，完善基础设施，改善居住条件。山坪村的面貌正是在各级党委政府、帮扶单位、全村群众的共同努力下，逐渐发生了变化，2014—2019 年减贫 84 户 376 人，未脱贫 4 户 15 人，贫困发生率下降到 1.6%，2019 年底实现了整村脱贫目标。

1. 栽下“摇钱树”

针对自身造血能力不足、缺少产业支撑的实际，山坪村始终把种植业作为基础产业发展，并不断调整优化种植结构，引导群众种植花椒、金银花、藜麦等经济作物逐步代替传统粮食作物。一是全面推广花椒产业。2018 年 3 月市司法局组织乡村干部和贫困户代表 33 人，赴“花椒之乡”甘谷县六峰镇考察学习花椒种植技术，后又筹资 25000 元帮助发展花椒产业，产业规模达 628 亩。2019 年 4 月，市司法局对 2018 年度 7 名花椒种植先进个人进行了表彰奖励，向遭

受火灾损失的贫困户周伟资助3000元用于发展花椒产业。2020年3月，市司法局党组指派两名县级领导干部到山坪村现场调研指导花椒种植，邀请县农技中心专业人员对近100名群众就花椒种植的选种、选址、种植、剪枝、防冻、防虫等进行全面系统的培训，并为农户赠送价值2500元的专用剪刀100把。二是尝试打造藜麦产业。2018年市司法局协调山坪村试种藜麦3亩，同年10月，局分管领导带领“村两委一队”成员和村民代表一行8人到民乐县考察学习藜麦种植技术。2019年初，再次组织帮扶工作队长、乡村两级干部和通渭县绿植农牧农民专业合作社负责人组成洽谈工作组，赴民乐县洽谈藜麦种子进购及藜麦回收相关事项，并与该县甘肃鼎弘现代农业有限公司成功签订了《藜麦种子购进与回收合同》。同年4月，市司法局出资2万元为山坪村贫困户购买藜麦种子150斤，当年种植面积达300亩，覆盖农户74户。三是协调推动金银花产业。根据全县金银花产业发展的整体部署，2017年种植金银花100亩，2019年种植150亩，目前全村金银花产业发展初具规模，效益逐步显现，成为群众增收致富的支柱产业。

2. 买来“印钞机”

农业集约化、机械化和现代化是现代农业发展的方向，正是基于对这一发展趋势的准确把握，市局党组秉持“授之以鱼不如授之以渔”的帮扶理念，千方百计在提升农民自身发展能力上下功夫，把宝贵的帮扶资金主要用于购置先进的农业机械设备，并不断创新发展思路，创建运行机制，最大限度激活发展活力。全村现有规范运营的合作社两家，其中通渭县绿植农牧农民专业合作社是一家集种植、销售于一体的农民专业合作社。为进一步延伸藜麦产业发展链条，合作社在发展藜麦种植业的同时，探索发展藜麦的加工包装，

2019年9月份，市司法局积极衔接争取项目资金3万元，为合作社购置了藜麦脱壳机和真空包装机，2019年共加工包装藜麦8000斤，市场价值达12万元，极大地提高了藜麦产业经济效益。山坪村农业机械化程度低、家庭劳动力不足、土地撂荒严重、村集体经济薄弱，如何破解盘活土地资源，提高农业生产效率，解放家庭劳动力，充实村集体经济这一系列带有普遍性的难题，成为打破制约扶贫瓶颈的关键一招。市局党组经过长期酝酿，反复讨论，根据山坪村农业产业发展需求，决定向山坪村捐资5万元用于采购玉米收割机、青贮饲料包装机、洋芋收割机，旋耕机等小型农业机械设备，并聘请懂技术、善管理、会经营的年轻农民进行经营管理，低于市场价向山坪村群众提供农机服务，所得报酬除去工资支付和设备维护外，剩余部分为村集体收入。

3. 放飞“金凤凰”

教育扶贫是阻断贫困代际传递的有效手段，是落实党中央、国务院关于“扶贫要和扶志与扶智相结合”要求的有力抓手，市局党组立足当前，着眼长远，始终把教育扶贫作为扶贫治困的重要内容。优先支持保障发展义务教育，全村现有建档立卡贫困户义务教育阶段适龄学生36人，在校就读35人，毕业离校1人，高中就读6人，中职就读2人，无因贫失学辍学学生。按照《寺子川乡义务教育阶段控辍保学工作实施方案》，驻村帮扶队积极配合落实“双轨控辍”责任制，建立动态调整机制，保障义务教育优先发展。积极鼓励支持接受高等教育，2017年、2019年市局先后共筹资1.65万元用于开展金秋助学活动，对新录取的11名二本以上大学生进行集中表彰奖励，勉励他们树立远大理想，刻苦学习，锤炼本领，回报社会。驻村帮扶队每年按照县乡部署，积极协助排查高考学生底数，宣传高考录取政策，协助办理助学贷款，落实各项助学政策，近年来，随着全村高校毕业生的稳定就业，实现了子女对贫困家庭的反哺，带动部分家庭稳定脱贫。山沟沟里飞出的“金凤凰”，已经成为带动乡村振兴的新力量。

4. 留住“领头雁”

“有家的地方没有工作，有工作的地方没有家”，一直以来，新生代农民工成为奔波于城市和农村之间的“候鸟”，成为蜗居于城市的蚁族，城市留不下，农村回不去。然而随着精准扶贫的深入开展，这一切正在悄然改变，通过近几年的帮扶发展，山坪村逐步形成了以玉米、马铃薯、蓄草为主的传统种植产业；以花椒、金银花、藜麦等为主的新兴种植产业；以牛、羊养殖为主的养殖业；以肉鸡、蜜蜂养殖为主的小产业，这些产业集群的形成极大地提高了本地剩余劳动力的承载能力，也吸附了一大批本土优秀人才回乡创业。群众根据自身实际，主要选择了以花椒、金银花、藜麦等为主的种植业；部分群众以饲草玉米种植为依托，发展家庭规模化养殖业，全村现有牛存栏 269 头，羊存栏 200 余只；个别农户依托网络平台发展蜜蜂养殖业，走出了“互联网 +”的发展模式，降低了生产成本，提高了经济效益，为后期花椒产业、金银花产业等的发展提供了有益借鉴，本土人才的回流为脱贫致富起到了极大的带动促进作用。

5. 奏响幸福曲

一直以来，山坪村群众精神文化生活极度匮乏，茶余饭后，农闲时节，或沉迷于赌博喝酒，或热衷于家长里短，因矛盾纠纷引发的治安案件、民转刑案件时有发生，严重影响当地社会治安。市局党组结合职能优势，研究提出了“四个一”的帮扶思路：重点照顾一类人。全村现有服刑人员 2 人，由于人身自由受到不同程度限制，家属子女无人照顾，社区矫正人员无法本地就业，这些现实问题引起了市局党组的高度重视，一方面指导帮扶队经常性走访家属，开展心理疏导，同时为其送去了募集的爱心资金和生活物资，另一方面倡导爱心企业家提供就业岗位，并和当地司法行政部门协调转移落实社区矫正管控措施，实现了异地就业。精心上好一堂课。多年来，市局分管领导坚持把普法教育作为扶贫工作的规定动作，充分利用开展支部共建，走访慰问等机会，精心选取带有普遍性、教育性的典型案例，议案释法，以身边事教育身边人。尽心办好一件事。送法下乡体现着市局党组法制扶贫的帮扶理念，把简单的送钱送物转变为提供无偿法律服务，发挥了职能优势，契合了群众需求。2019 年协调县司法局律师为张某交通肇事赔偿案提供了法律援助，目前案件在办理中。驻村帮扶队经常为群众提供法律政策咨询服务，充当了群众身边的法律顾问。联手建好一广场。2019 年 11 月市县司法局联手筹资 5 万元，建成山坪村法治文化广场，并将广场打造成了集运动、娱乐、普法于一体的多功能阵地。每当夜幕降临，乡亲们伴随着音乐的节奏，用轻盈的舞步舒缓着一天的疲劳，沉浸在美好生活的幸福曲目中。

（定西市司法局发布）

（二）分析案例采用的故事化和情感化手法

山坪村的扶贫故事，宛如一部精心编排的剧本，将“真扶贫，扶真贫”的理念融入到每一个细节中。它不仅仅是一系列数据和事件的罗列，更是一个个鲜活人物命运转变的生动写照。从定西市司法局组织干部与贫困户代表赴外地学习种植技术，到为受灾群众提供援助，再到对优秀个人进行表彰奖励，这些举措背后体现的是帮扶者对受助者的深切关怀。每一次考察、每一笔投资、每一场培训，都是为了赋予村民自我发展的能力，让他们能够依靠自己的双手改变生活。比如，当2018年4月的一场火灾让贫困农户周伟的花椒产业遭受重创时，市司法局伸出援手资助3000元，帮助他重新起步；又如，在推广金银花产业的过程中，不仅提供了种子和技术支持，还通过合作社模式确保了产品的销路。这种种努力，不仅是物质上的扶持，更是精神上的鼓舞，使村民们看到了希望，增强了信心。

在情感化的表达上，案例巧妙地捕捉到了扶贫工作中的人性光辉。教育扶贫作为阻断贫困代际传递的关键环节，这里的故事尤其令人动容。对那些渴望走出大山的孩子们而言，获得教育的机会就像一把打开未来之门的钥匙。市司法局通过金秋助学活动，不仅给予经济支持，更重要的是传递了一种信念：知识可以改变命运。而随着越来越多的年轻人接受高等教育并稳定就业，他们开始回馈家乡，成为乡村振兴的新动力。同时，为了丰富村民的精神文化生活，市司法局采取了一系列措施，如普法教育、法律援助以及建设法治文化广场等，这些都旨在提高村民的法律意识和社会责任感。每当夜幕降临，村民们在新建的文化广场上跳舞娱乐，那和谐欢乐的画面正是扶贫成效的最佳见证。通过这些细致入微的情感化处理，案例不仅展示了扶贫工作带来的物质变化，更凸显了其在心灵层面产生的深远影响。

（三）探讨这些手法对读者反应的影响

故事化和情感化的新闻报道手法通过构建真实而感人的叙事，使读者更容易与事件产生共鸣。山坪村的扶贫纪实通过具体的人物、场景和细节描绘，将抽象的数据和政策转化为生动的故事，从而增强了文章的感染力。在“靶向式”扶贫打通山沟里的小康路这一案例中，市司法局的帮扶措施被细致地刻画为一系列行动，从组织考察学习种植技术到帮助发展特色农业产业，再到购置农业机械设备，每一步都被赋予了鲜活的生命力。这样的叙述不仅让读者了解到扶贫工作的复杂性和艰巨性，也使得每一份努力都显得有血有肉，富有成效。当人们读到周伟获得资助后重新振作起来的故事时，或是看到合作社成功加工包装藜麦带来显著经济效益的消息时，他们能够感受到扶贫不仅仅是数字上的变化，更是实实在在改变着一个个家庭的命运。

教育扶贫部分则深刻揭示了知识改变命运的力量。这里的故事聚焦于那些走出大山的孩子们，他们的成长轨迹成为一种希望的象征。通过讲述孩子们如何在政府和社会的帮助下完成学业，并最终回馈家乡的故事，文章传递出积极向上的情感信息。这种情感联结对于激发公众对贫困地区教育问题的关注起到了重要作用。同时，这些故事还展示了教育对于阻断贫困代际传递的关键作用，以及它给乡村带来的长远影响。随着越来越多的年轻人接受高等教育并稳定就业，他们成为推动当地经济社会发展的新生力量。此外，文章还巧妙地融入了法律援助、精神文化建设等元素，进一步丰富了故事层次，凸显了全方位综合施策的重要性。这些元素共同编织成了一幅充满温情与力量的画面，让读者看到了一个更加立体、真实的山坪村，也让他们相信，在共同努力下，即使是身处最偏远角落的人们也能迎来属于自己的春天。

（四）总结该案例的成功经验和不足之处

山坪村的扶贫实践展示了故事化和情感化在新闻报道中如何有效提升影响力。通过具体事例的描绘，如“摇钱树”“印钞机”“金凤凰”“领头雁”和“幸福曲”的比喻，不仅让读者更直观地感受到帮扶工作的成效，还深刻体会到背后的人文关怀和社会价值。山坪村的案例揭示了产业扶贫、教育扶贫以及精神文化生活的建设是实现深度贫困地区脱贫的有效路径。市司法局投入大量资源培育经济作物产业，包括花椒、金银花和藜麦等，并引入机械化设备提高生产效率，这些举措直接增强了村民的自我造血功能，为长期稳定脱贫奠定了坚实基础。同时，注重教育投资，鼓励年轻人接受高等教育，既阻断了贫困的代际传递，也为乡村发展培养了新一代人才。此外，重视精神文化建设，通过法律援助、普法教育和娱乐设施的建设，改善了村民的精神面貌，促进了社区和谐。

然而，在肯定成绩的同时，也须认识到存在的局限性。尽管山坪村在短时间内实现了整村脱贫的目标，但部分措施可能难以持续或复制。例如，依赖外部资金和技术支持的产业发展模式，在外来援助减少后可能会面临挑战。而农业机械化的推进虽然提高了生产效率，但对于小型农户来说，初期投资成本高，回收周期长，可能存在一定的风险。另外，教育扶贫虽能带来长远利益，但在短期内对家庭收入的直接贡献有限，对于那些急需解决生存问题的家庭而言，效果并不明显。最后，精神文化建设虽然丰富了村民的生活，但其影响往往是潜移默化的，不易量化评估，且需要长期投入才能见到显著成效。因此，在总结成功经验的同时，也要关注这些潜在问题，确保扶贫成果能够持久稳固，真正实现乡村振兴。

第五章　融媒体对新闻生产流程的影响

第一节　新闻生产流程的优化与重构

一、优化新闻采集方式

（一）利用大数据进行新闻线索挖掘

1. 数据分析技术的应用

（1）提高新闻敏感度和预见性

在融媒体时代，大数据分析技术的应用显著提升了新闻工作者的敏感度与预见能力。通过整合来自社交媒体、新闻网站、论坛评论等多源数据，记者能够借助先进的算法模型识别出正在形成的舆论趋势和社会情绪波动。这些技术不仅限于简单的关键词匹配或频率统计，更深入语义分析、情感分析以及社交网络分析等领域，使得媒体机构能够在事件初期甚至是萌芽阶段捕捉到有价值的信息。例如，当某地区出现异常的搜索行为或特定话题讨论量激增时，系统可以自动预警并推荐给编辑团队进一步调查。这种基于数据驱动的新闻线索挖掘方式，改变了传统依靠线人爆料或者被动等待信息发布的模式，赋予了新闻从业者主动出击的能力。同时，大数据平台提供的可视化工具帮助用户直观理解复杂的数据关系，快速定位关键节点人物或组织，为后续报道提供方向指引。另外，历史数据的积累也为预测未来事件提供了可能，通过对过去类似案例的学习，结合当前环境变量的变化，可以构建起一套有效的风险评估机制，预判可能出现的问题领域或社会关注点。

（2）发现潜在的社会热点话题

利用大数据进行新闻线索挖掘的过程中，一个重要的成果是能够揭示那些尚未成为广泛共识但具有潜在影响力的热点话题。随着互联网的发展，公众表达意见的方式更加多样化，而这些分散的声音往往蕴含着丰富的信息资源。通过收集和处理海量的在线文本内容，包括但不限于微博帖子、微信文章、视频弹幕等非结构化数据，媒体机构可以识别出一些新兴的趋势或争议焦点。数据分析工具能够从浩瀚的数据海洋中筛选出重复出现的主题词、高频提及的人物或地点，甚至是从隐含的情感倾向中洞察民众的态度转变。这不仅是对表面现象的简单总结，更重要的是挖掘背后深层次的社会心理动因。例如，在健康领域，如果某一疾病的查询量突然增加，或是相关治疗方案受到大量讨论，那么这可能是公共卫生危机的前兆，也可能是公众健康意识觉醒的表现。同样地，在政策解读方面，当某些改革措施在网络上引发热议时，意味着该议题触及到了广泛的群体利益，值得深入探讨。借助大数据的力量，媒体不仅可以更快捷地捕捉到这些信号，还能够对其进行深度剖析，为社会各界搭建沟通桥梁，促进问题的有效解决。通过持续跟踪和分析社会动态，媒体机构得以在早期介入热点话题的形成过程，引导舆论走向积极健康的讨论氛围，同时也丰富了新闻报道的内容维度，提高了传播价值。

2. 社交媒体监听

社交媒体监听作为融媒体时代新闻采集的重要手段，为追踪公众舆论趋势和实时捕捉突发事件提供了前所未有的便利。通过先进的数据分析工具和技术平台，新闻机构能够系统地监控各类社交平台上产生的海量信息流，从中筛选出具有新闻价值的内容。这种监听不仅仅是简单地收集公开帖子或评论，而是深入挖掘数据背后的意义，理解用户行为模式及其表达的情感倾向。对于公众舆论趋势的追踪而言，社交媒体监听可以揭示社会热点话题的发展脉络，帮助编辑室提前布局报道方向，及时回应民众关切。例如，在某个政策出台前后，公众在社交媒体上的讨论往往能反映出真实的社会反响，这些反馈对于评估政策影响、预测潜在问题至关重要。同时，监听还能发现一些隐性的社会情绪变化，如对特定事件的集体沉默或是某些群体间的微妙互动，这有助于更全面地把握公共意见的全貌。至于突发事件的捕捉，社交媒体监听的优势在于其即时性和广泛性。由于许多突发状况最先由目击者或参与者在社交网络上分享，新闻工作者可以通过设置关键词警报、地理围栏等技术措施迅速定位到相关信息源，从而获得第一手资料并快速核实情况。此外，借助自然语言处理算法分析文本内容，可以自动识别出紧急信号词，进一步加快响应速度。

（1）追踪公众舆论趋势

追踪公众舆论趋势是社交媒体监听的核心应用之一，它使新闻从业者得以洞察公众关注焦点和社会心理动态，进而优化新闻生产和传播策略。在融媒体背景下，社交媒体成为人们交流思想、表达观点的主要场所，因此也成为反映公众意见最直接的窗口。通过对微博、微信、论坛等平台上的大量非结构化数据进行持续监测和深度分析，媒体组织能够识别出哪些议题正在引起广泛关注，以及公众的态度是如何演变的。这一过程不仅仅是统计热门话题的数量或热度排名，更重要的是要理解话题背后的深层次原因和社会背景。比如，在环境问题频发的时期，关于空气污染、水源保护等内容往往会引发强烈共鸣；而在经济波动时，就业形势、物价水平等经济相关话题则更容易触动人心。除了定性分析外，定量方法同样不可或缺，利用情感分析技术可以量化公众对不同事件的情绪反应，如正面支持、负面批评或是中立态度的比例分布。这些数据可以帮助媒体判断舆论风向，并据此调整报道角度和力度。另外，长期跟踪特定领域的舆论动向还有助于建立预警机制，当某类话题突然升温或者出现异常波动时，媒体可以立即做出反应，展开深入调查报道，引导正确舆论导向。

（2）实时捕捉突发事件

实时捕捉突发事件是社交媒体监听在新闻生产流程中的另一重要体现，它赋予了新闻机构在危机时刻迅速响应的能力。在融媒体环境下，突发事件的发生往往伴随着大量的碎片化信息在网络上迅速扩散，而社交媒体监听则为从这些纷繁复杂的数据中提炼关键事实提供了可能。通过部署专门的监听软件，媒体可以设定与自身关注领域相关的关键词集，一旦有涉及此类词汇的消息发布，系统便能即刻通知编辑团队。这种方式大大缩短了从事件发生到媒体报道的时间差，确保新闻时效性。更为重要的是，社交媒体监听不仅仅依赖于文字信息，还可以结合图片、视频等多种形式的内容进行综合研判，以提高信息的真实性验证效率。例如，在自然灾害发生后，社交媒体上会出现众多现场照片和视频片段，这些多媒体资源不仅直观展示了灾情严重程度，也为后续救援工作提供了宝贵的参考依据。此外，基于地理位置服务（LBS）功能，监听工具还可以准确定位事件发生的地点，辅助记者更快抵达现场开展采访报道。同时，社交媒体监听还促进了公民新闻的发展，普通网民成为新闻素材的重要提供者，他们用手机记录下的瞬间或许正是新闻价值所在。媒体机构需要做的是有效整合这些分散的信息点，经过专业审核加工后传递给广大受众。

（二）多源信息整合

1. 跨平台资源整合

（1）融合传统媒体与新媒体资源

融媒体环境下的新闻生产流程优化，关键在于有效整合传统媒体与新媒体的资源，以实现信息传播的最大化效应。传统媒体如报纸、电视台和广播电台拥有深厚的内容制作底蕴和权威的信息来源，而新媒体平台则以其即时性、互动性和广泛的用户基础著称。将两者的优势相结合，可以构建一个更加丰富、多元且高效的新闻采集体系。在这个过程中，传统媒体机构通过建立自己的数字平台或与社交媒体合作，不仅拓展了信息发布渠道，还能够利用算法推荐等技术手段精准触达目标受众。与此同时，新媒体内容创作者可以从传统媒体获取经过严格审核的第一手资料，确保信息的真实性和可靠性。跨平台资源整合还包括共享编辑和技术团队，使得不同媒介形态之间的协作更为紧密。例如，在突发事件报道中，记者可以在现场使用手机快速上传短视频至社交媒体吸引关注，随后由编辑部进一步加工成深度报道发布在官方网站或纸质刊物上。这种模式既满足了公众对即时资讯的需求，也为后续深入解读提供了素材。另外，传统媒体的品牌影响力和公信力为新媒体内容增添了权威色彩，反之，新媒体的灵活性和互动性又为传统媒体注入了新的活力。通过这种方式，传统媒体与新媒体之间形成了良性循环，共同推动新闻行业的创新发展。

（2）促进信息共享和协同工作

为了提高新闻生产的效率和质量，融媒体背景下必须加强信息共享和协同工作机制。这要求打破部门壁垒，创建一个开放式的新闻生产平台，使各媒体单位内部以及彼此之间能够无缝对接，实现资源共享和优势互补。具体而言，新闻编辑室应采用统一的数据管理系统，允许记者在不同的平台上同步访问和更新信息，从而避免重复劳动并加快响应速度。同时，借助云计算和大数据分析工具，编辑们可以实时监测热点话题趋势，提前布局选题策划，并根据用户反馈及时调整报道方向。除了技术层面的支持外，组织文化上的变革同样重要，鼓励跨部门沟通交流，培养团队成员之间的信任感和合作意识。比如，定期举办联合会议或培训活动，让来自不同背景的专业人士分享经验教训，激发创意灵感。另外，建立明确的任务分配机制和绩效考核标准，确保每个环节的工作都能高效完成，同时也保障了最终产品的质量和一致性。更重要的是，信息共享和协同工作促进了多源信息的交叉验证，提高了新闻的真实性与客观性。在这种模式下，无论是文字、图片还是视频等形式的内容创作，都能够基于全面准确的信息进行，进而增强了媒体的可信度和社会责任感。

2. 用户生成内容的采纳

（1）增加报道角度多样性

用户生成内容的采纳为新闻报道带来了前所未有的视角丰富性。传统媒体通常依赖专业记者进行信息采集，这虽然保证了内容的专业性和权威性，但也可能因为视角局限而忽略了某些群体的声音或特定事件的不同面向。UGC 的引入打破了这一限制，它允许普通民众通过社交媒体、论坛等平台分享自己的经历和见解，从而为新闻故事提供了更多元化的叙述方式。例如，在突发事件发生时，身处现场的目击者可以通过手机迅速记录下第一手资料，这些来自不同个体的碎片化信息汇聚起来，便能构建出一个更为全面立体的事件图景。UGC 还能够揭示官方渠道之外的社会现象和公众情绪，如社区问题、民间文化活动等，这些都是传统新闻难以触及但又极具价值的内容领域。此外，UGC 有助于反映社会边缘群体的心声，使得他们的诉求得到更广泛的关注和支持。在融合媒体环境中，编辑部可以利用先进的数据分析工具对 UGC 进行筛选和分类，从中挖掘有价值的素材，并将其融入到正式报道中，不仅增强了报道的深度和广度，也促进了公共对话和社会共识的形成。

（2）提升内容的即时性和真实性

用户生成内容在融媒体时代显著提升了新闻报道的即时性和真实性。随着移动互联网技术的发展，任何人都可以在任何时间地点上传图片、视频或文字描述，这种即时性使得新闻机构能够在最短时间内获取事件发生的最新动态。UGC 提供的实时反馈机制让媒体组织能够快速响应变化，及时调整报道策略，确保读者接收到的信息是最新的。同时，UGC 中的多媒体元素往往未经修饰，直接反映了事情的真实面貌，尤其是在突发灾难或重大事件中，UGC 成为验证事实真相的重要来源。为了保证 UGC 的质量，融媒体平台建立了严格的内容审核流程，结合人工智能算法和技术手段过滤虚假信息，识别并优先处理可信度高的 UGC。此外，UGC 还可以作为交叉验证的工具，通过对比不同用户提供的相似信息来确认事件的真实性。对于一些争议较大的话题，UGC 提供了多角度的证据链，帮助媒体人更加客观地呈现事实。

二、重构新闻编辑流程

（一）智能化编辑工具的应用

1. 自动化写作软件

自动化写作软件在融媒体环境下的新闻编辑流程重构中扮演了至关重要的角色，它通过算法和技术手段实现了新闻初稿的快速生成。这类工具能够处理大量数据并从中提取关键信息，根据预设的模板和规则自动生成符合新闻规范的文章框架。对于一些事实性较强、数据密集型的内容，如财经报道、体育赛事结果、天气预报等，自动化写作软件可以迅速将官方发布的统计数据转化为易于理解的文字描述，极大地缩短了从信息获取到内容发布的周期。不仅如此，自动化写作还具备多语言输出能力，可以根据不同受众的需求提供相应语言版本的新闻稿件，满足全球化传播的需求。此外，随着自然语言处理技术的进步，这些软件不仅能准确地捕捉事件的核心要素，还能模拟人类写作风格，使生成的文章更加生动形象。值得注意的是，自动化写作软件的应用并非完全替代人工编辑，而是作为辅助工具来减轻记者和编辑的工作负担。它们可以在短时间内完成初稿编写任务，让专业人员有更多时间投入到深度调查、分析评论以及创意表达等更高层次的工作中。同时，由于减少了重复性的机械劳动，企业也能够在一定程度上节约人力成本，提高整体运营效率。然而，为了保证新闻的质量和准确性，自动化生成的内容仍然需要经过严格的审核流程，确保其符合新闻伦理标准和社会责任要求。

（1）快速生成初稿

借助先进的自然语言生成技术和机器学习模型，自动化写作软件能够在接收指令后立即开始工作，快速生成新闻报道的初稿。这一过程基于对海量历史新闻文本的学习，软件能够识别出特定类型的报道结构和常用表达方式，从而构建起逻辑清晰、条理分明的文章框架。当遇到突发事件或者需要即时更新的信息时，自动化写作系统可以即时响应，整合来自多个渠道的数据源，包括社交媒体平台、官方公告、实时监测设备等，在最短的时间内形成一份完整的初稿供编辑团队审阅。这种高效的工作模式不仅提升了新闻发布速度，也为读者提供了第一时间了解最新动态的机会。更重要的是，自动化写作软件支持定制化的参数设置，用户可以根据具体需求调整文章风格、重点突出的部分以及篇幅长度等细节，使得最终产出的内容更贴合目标受众的阅读习惯和兴趣点。尽管如此，自动化写作生成的初稿仍需经过人工校验，特别是涉及敏感话题或复杂背景解释时，确保所有信息真实可靠且表述恰当。通过这种方式，自动化写作软件有效促进了新闻生产的现代化转型，为融媒体时代的新闻传播注入新的活力。

（2）降低人力成本

自动化写作软件的应用显著降低了融媒体环境中新闻生产的人力成本。传统新闻编辑流程往往依赖大量记者和编辑进行信息搜集、撰写初稿及后续修改等工作，这不仅耗费大量时间和资源，而且容易出现因个人因素导致的效率波动。相比之下，自动化写作软件能够承担起部分基础性写作任务，如快速生成初稿、整理常规信息更新等，大大节省了人力投入。通过预先设定好模板和规则，软件可以自动处理那些规律性强、格式固定的新闻内容，使编辑团队能够集中精力于更具创造性和价值的任务上，比如深入挖掘故事背后的意义、制作多媒体内容或者策划专题报道。此外，自动化写作软件还可以全天候运作，不受工作时间和地点限制，进一步提高了工作效率。长期来看，企业采用此类技术有助于优化人力资源配置，降低运营成本的同时保持甚至提升新闻产品的质量和数量。当然，自动化写作并不会完全取代人类，相反，它为专业人士提供了更多的可能性，让他们可以从烦琐的基础工作中解脱出来，专注于培养核心竞争力，推动整个行业向更高水平发展。

2. 内容审核系统的引入

（1）确保内容合规

确保内容合规是内容审核系统的核心功能之一，它在融媒体新闻编辑流程中发挥着至关重要的作用。随着互联网和社交媒体的普及，新闻传播的速度和范围达到了前所未有的程度，这也意味着任何不符合法规或伦理标准的内容都可能迅速引发负面后果。内容审核系统通过对新闻素材的深度分析，能够在早期阶段发现并阻止违规内容的产生。例如，在文本审核方面，系统可以自动扫描文章中的关键词汇、语句结构，评估是否存在诽谤、侵权或其他违反法律法规的情况；对于图像和视频内容，则可以通过图像识别技术检测画面中是否包含非法元素或者侵犯隐私的行为。更重要的是，内容审核系统不仅限于对静态规则的应用，它还能学习最新的法律法规动态和社会舆论导向，及时调整审核策略，确保每一则新闻都能经得起时间考验。同时，为了提高审核精度，系统通常会结合人工复核机制，对于一些复杂或模糊不清的问题，由专业编辑人员进行最终判断。这样既保证了新闻内容的合法性，也维护了媒体的专业形象，增强了公众的信任感。

（2）加速发布流程

内容审核系统的引入显著优化了融媒体新闻发布的流程，大幅提升了工作效率。传统的人工审核方式往往耗时较长，尤其是在面对大量需要即时报道的突发新闻时，容易造成延误。相比之下，智能化的内容审核系统可以在极短时间内完成对新闻素材的全面审查，包括文字、图片、视频等不同类型的内容。这得益于其高效的算法和技术架构，系统能够并行处理多个任务，并且可以根据预设的优先级灵活调度资源。当遇到紧急事件或重要新闻时，审核系统可以快速响应，确保相关内容第一时间得到审核并顺利发布。不仅如此，审核过程中的自动化决策减少了人为干预的可能性，降低了出错概率，使得整个流程更加顺畅高效。另外，内容审核系统还可以与编辑工具无缝对接，实现一键提交审核的功能，进一步简化了操作步骤。对于融媒体平台而言，这种高效的审核机制不仅加快了新闻发布速度，也为读者提供了更为及时、丰富的资讯体验。同时，通过减少不必要的等待时间和重复劳动，编辑团队可以将更多精力投入到内容创作和质量提升上，从而推动新闻报道向更高层次发展。

（二）协作式编辑环境建设

1. 远程协作平台的使用

（1）支持团队成员异地合作

远程协作平台极大地便利了团队成员间的异地合作，特别是在融媒体环境中，这一特点尤为重要。此类平台提供的实时通信、文件共享以及协同编辑功能，让分散各地的专业人士仿佛置身于同一间办公室内工作。对于新闻编辑而言，这意味着即使不在同一个城市，也能高效地完成选题策划、采访安排、稿件撰写等一系列任务。通过视频会议和在线聊天工具，团队可以随时开展头脑风暴会议，迅速敲定报道方向；利用云存储服务，所有参与者都能够访问最新的资料库，确保信息同步更新；而文档共编能力则允许多人同时对同一份稿件进行编辑，减少了来回传递文件所带来的延误。更为关键的是，远程协作平台促进了跨部门、跨地区的资源整合与优势互补，例如，地方记者可以与总部专家紧密配合，深入挖掘本地故事背后的社会意义；国际通讯员也能与国内编辑携手，将全球视角融入本土叙事之中。

（2）增强工作效率

远程协作平台通过一系列技术创新显著增强了新闻编辑流程中的工作效率。在融媒体时代，新闻生产的各个环节都需要快速响应和精确执行，这就要求团队之间保持高度的协调一致。远程协作平台提供的即时通讯、任务管理、进度跟踪等功能正好满足了这一需求，它们使团队成员能够在第一时间交流想法、解决问题，并及时调整工作计划。以任务管理系统为例，它可以根据项目的具体要求，合理分配各项任务给最适合的人选，并设定明确的截止日期，确保每个环节都能按时完成。此外，平台内置的日历视图和提醒功能有助于个人规划时间，避免遗漏重要事项。当涉及复杂报道时，远程协作平台还支持多格式文件的上传下载，包括文本、图片、音频、视频等，这为多媒体内容的整合创造了条件，简化了素材收集和整理的过程。而且，许多平台都集成了自动化工具，如 OCR 文字识别、语音转写等，进一步减轻了人工操作负担。最后，远程协作平台的安全机制也保证了敏感信息的保密性，防止未经授权的访问或泄露。综上所述，通过优化资源配置、加速信息流转以及强化技术支持，远程协作平台为融媒体新闻编辑提供了一个高效能的工作环境，推动了整个行业的现代化转型。

2. 版本控制系统

（1）跟踪修改历史

跟踪修改历史是版本控制系统的核心功能之一，它完整地记录了新闻稿件从初稿到最终发布的每一个演变步骤。这一特性赋予了编辑团队全面了解内容发展脉络的能力，无论是微小的文字润色还是结构性的重大调整，所有变更都被系统忠实记录下来。编辑可以通过时间轴视图直观地查看任何时间节点上的稿件状态，并且能够轻松对比不同版本之间的差异，这对于评估修改效果、总结经验教训具有重要意义。更重要的是，在遇到争议或者需要回溯错误源头时，详细的修改日志提供了坚实的证据支持，帮助快速定位问题所在并采取相应的解决措施。并且，跟踪修改历史还有助于新人快速上手工作，他们可以通过回顾前辈们处理类似情况的方式方法，更快地适应团队的工作节奏。通过这种方式，版本控制系统不仅保障了新闻质量的持续改进，也促进了知识在团队内部的有效传递，为新闻编辑流程的优化注入了持久动力。

（2）保证版本一致性

保证版本一致性是版本控制系统在新闻编辑流程中另一项关键作用，尤其是在融媒体时代多渠道分发的需求下显得尤为重要。随着媒体形式的多样化和技术手段的不断进步，新闻内容不再局限于单一平台发布，而是需要适配多种终端设备和展示格式。这就要求编辑团队必须确保不同版本间的一致性和连贯性，以维护品牌形象的专业度和用户体验的流畅性。版本控制系统通过建立统一的内容源库，让所有编辑人员在一个集中的环境中工作，减少了因分散存储而可能引发的版本混乱风险。每当有新的改动提交时，系统会自动检测与现有版本是否存在冲突，并提示编辑人员解决这些问题，确保每次更新都不会破坏整体结构。另外，它还支持跨部门协作，例如设计、技术、市场等部门可以根据各自需求获取最新稳定版本的内容，进行针对性的优化调整，而无须担心版本错乱的问题。通过严格的版本管理和自动化集成测试，版本控制系统有效提升了多渠道内容同步发布的准确性和及时性，为融媒体环境下的新闻传播提供了强有力的技术支撑。

第二节　新闻内容生产的模块化与个性化

一、组件化的内容构建

（一）新闻素材的标准化处理

在融媒体环境下，新闻素材的标准化处理是实现模块化生产策略的重要基础。通过对采集到的信息进行统一格式和规范的操作，可以确保不同来源、不同类型的内容能够无缝集成，并为后期加工和再利用提供便利条件。这一过程首先涉及对原始素材的技术性转换，例如图像、视频等多媒体资料需遵循特定的分辨率、压缩标准和文件格式，以保证其在网络平台上的高效传输和兼容性。文字内容则应按照既定的排版规则和语言风格指南进行编辑，确保信息表述清晰准确且易于理解。此外，标准化还包括元数据标注，即为每条新闻素材附加描述性的标签或关键词，这些元数据不仅有助于内部管理和检索，还便于对外部用户提供精准的内容推荐服务。对于音频和视频素材，时间戳标记同样重要，它可以帮助编辑人员快速定位关键片段，提高编辑效率。通过建立一套完整的标准化流程，融媒体机构能够在多个平台上保持一致的品牌形象和技术特性，同时简化了跨部门协作中的沟通成本。更重要的是，标准化处理后的新闻素材更容易被整合进不同的报道形式中，无论是专题网页还是移动应用，都能灵活调用所需的元素，实现资源的最大化利用。最终，这种做法促进了新闻生产的规模化效应，降低了重复劳动带来的成本，同时也提升了内容质量和用户体验。

1. 统一格式和规范

统一格式和规范是新闻素材标准化处理的核心要素之一，它确保了所有参与方在同一基准线上工作，从而增强了团队协作效率并保障了最终产品的质量一致性。在融媒体时代，由于信息传播渠道多样化，内容形式丰富，制定一套适用于各类媒介的通用标准显得尤为必要。从技术层面看，这意味着要确立统一的数据交换协议，如 XML、JSON 等，使不同系统之间可以顺畅地交换信息；同时规定视频、音频、图片等媒体文件的具体编码方式、尺寸大小及播放时长限制，以适应多种终端设备的需求。从内容角度看，需要设定写作模板和风格指南，指导记者和编辑如何组织语言、选择词汇以及表达观点，确保文章结构合理、逻辑严密。对于新闻标题、摘要、正文段落乃至引用来源，都应当有明确的书写要求，以便读者能够迅速获取核心信息。此外，还需考虑多语言支持的问题，为国际用户提供本地化的阅读体验。统一格式和规范的应用不仅仅限于初始创作阶段，在素材存储和管理方面也发挥着重要作用。例如，建立集中式的数字资产管理库，按照既定分类体系整理存档，方便日后查找和复用。这样做不仅提高了工作效率，而且减少了因格式不兼容或规范差异造成的错误风险，为融媒体新闻生产的全流程优化提供了坚实保障。

2. 便于后期加工和再利用

便于后期加工和再利用是新闻素材标准化处理所带来的显著优势，这使得融媒体机构能够更灵活地响应市场变化和用户需求，提升内容的价值创造能力。当素材经过统一格式和规范处理后，它们便具备了良好的互操作性，无论是在同一项目内部的不同环节之间流转，还是跨越不同项目进行二次开发，都能够平滑对接而不产生额外的技术障碍。对于编辑而言，这意味着可以更加专注于创意设计而非技术难题，他们可以根据实际需要轻松调整文本长度、裁剪影像画面、拼接音频片段，甚至重新组合已有的内容组件来生成全新的作品。这种灵活性极大地激发了创新潜力，允许团队快速试验新想法并将之付诸实践。同时，标准化处理后的素材也为自动化工具的应用创造了良好环境，比如智能推荐引擎可以根据用户的浏览历史和个人偏好自动匹配相关联的内容片段，或者数据分析系统能够对海量素材库中的信息进行深度挖掘，发现潜在的趋势和模式。

（二）模块化故事叙述

模块化故事叙述在融媒体背景下的新闻内容生产中，成为一种能够高效适应不同媒介特性的创新策略。通过将故事分解为多个独立但相互关联的模块，新闻团队可以针对各种平台的特点灵活组合这些模块，以最佳方式呈现给受众。每个模块都包含了特定的信息单元，如核心事件描述、人物访谈、数据图表等，它们既可以单独存在，也可以与其他模块无缝衔接，形成完整的叙事链条。这种结构允许内容创作者根据目标媒介的需求调整故事的重点和长度，无论是简短的社交媒体帖子还是详细的长篇报道，都能够从相同的模块库中获取素材，确保信息的一致性和连贯性。例如，在视频平台上，可以通过视觉效果丰富的模块吸引观众注意力；而在文字阅读环境中，则强调深度分析和背景介绍。此外，模块化故事叙述还支持跨平台传播，即同一个故事可以根据不同媒介的交互特性进行定制化改编，比如增加超链接、嵌入式多媒体元素或互动问答环节，从而增强用户体验。这种方式不仅提高了内容的可移植性和复用率，也使得新闻产品更加贴近用户的消费习惯。同时，模块化设计有助于快速响应突发新闻事件，编辑人员可以从预设的模块中迅速选取相关内容，组装成符合时效性的报道，大大缩短了制作周期。最终，通过构建一个灵活且易于管理的内容生态系统，模块化故事叙述促进了新闻生产的效率提升，并为个性化服务奠定了基础。

1. 适应不同媒介特性

为了最大化地利用融媒体环境中的各种传播渠道，模块化故事叙述特别注重适应不同媒介的特性。这一方法要求内容创建者深入了解各个平台的技术规格、用户行为模式以及内容偏好，以便精确地调整每个模块的表现形式。对于移动设备上的短视频应用，模块化故事叙述可以通过浓缩关键情节、使用动态图像和简洁的文字说明来抓住观众的短暂注意力；而面向网站或应用程序的长篇文章，则可以在模块之间建立更为复杂的逻辑关系，提供详尽的数据支撑和深入的分析评论。在音频播客中，声音模块如采访录音、解说旁白等就显得尤为重要，它们必须具备吸引力并能有效传达信息。社交媒体平台则鼓励采用具有社交属性的模块，如用户生成内容、实时评论区等，激发社区互动。通过这种方式，新闻机构能够确保其内容无论是在静态页面还是动态流媒体上都能保持高度相关性和吸引力。此外，模块化设计还允许内容根据不同媒介的更新频率和发布节奏进行优化，例如，即时新闻推送可以通过快速组装热点话题相关的模块来实现，而专题报道则可以随着时间推移逐步添加新的模块，反映事件的发展变化。

2. 提供灵活的叙事结构

模块化故事叙述的核心优势之一在于它所提供的灵活叙事结构，这使得新闻内容可以根据不同的传播目的和受众需求进行定制化调整。在一个模块化的框架内，每一个信息块都可以被视为一个独立的故事片段，它们既各自承载着完整的意义，又能与其他片段有机结合，共同构成一个更大的叙事整体。这样的灵活性让内容创作者能够在不破坏故事连贯性的前提下，轻松应对多种叙事挑战。例如，在处理复杂的社会问题时，可以先引入背景介绍模块，随后依次展开案例研究、专家意见、政策解读等多个层次的内容，帮助读者逐步理解议题的全貌。当需要强调某一部分的重要性时，可以通过突出显示特定模块或者改变其展示顺序来引导受众的关注点。此外，模块化结构还便于融入非线性叙事元素，如平行讲述多个事件进展、交叉引用相关主题，使故事更具层次感和趣味性。对于互动性强的新媒体平台，还可以设计出可供用户选择路径的模块，让用户自主决定探索的方向，增加参与度。更重要的是，这种灵活的叙事方式为新闻机构提供了实验和创新的空间，鼓励尝试新颖的表现手法和技术应用，如虚拟现实、增强现实等沉浸式体验，以满足日益多样化和个性化的用户期望。

二、基于用户画像的内容推荐

（一）精准定位目标受众

1. 通过数据分析了解用户偏好

了解用户偏好是实现个性化新闻服务的基础，而这一过程离不开大数据分析的支持。融媒体平台利用各种技术手段收集用户在不同渠道上的活动数据，包括但不限于网站点击流、移动应用使用情况、社交媒体交互等。这些数据经过清洗、整理后被输入到复杂的机器学习模型中进行处理，从中挖掘出有价值的模式和规律。通过分析用户访问的时间段、停留时长、阅读频率等因素，可以推断出他们对不同类型新闻的兴趣程度；结合搜索关键词和评论反馈，则有助于揭示用户关心的具体议题及其立场观点。更重要的是，随着算法不断迭代优化，系统能够自动更新用户画像，确保其始终反映最新的偏好变化。例如，当检测到某位用户开始频繁关注某一领域的新动态时，系统会相应地调整推荐权重，优先推送相关内容。同时，跨平台的数据融合使全面理解用户成为可能，即使是在多个设备间切换使用的情况下，也能保持一致且连贯的内容体验。通过持续积累和分析用户行为数据，新闻机构不仅能更好地满足现有需求，还能预测未来趋势，提前布局相关报道，为用户提供更具前瞻性的资讯服务。

2. 制定个性化的传播策略

制定个性化的传播策略是融媒体背景下新闻生产流程的重要组成部分，旨在根据用户画像所提供的洞察来优化内容分发方式。个性化策略不仅仅是简单地选择推送哪些文章，而是涉及整个传播链条的设计，从内容创作、编辑加工到最终呈现形式的选择，都需围绕目标受众的特点展开。例如，在内容制作阶段，编辑团队可以根据用户偏好确定选题方向，聚焦于最受关注的话题，并采用适合该群体的语言风格和叙述手法。对于已经生成的内容，可以通过智能标签系统对其进行分类标注，便于后续精准匹配。在分发环节，个性化策略强调多渠道协同作业，根据不同媒介平台的特性定制化推送内容。比如，短视频平台适合推送简短精炼的视频摘要，而电子邮件则可用于发送长篇深度报道。此外，个性化传播还应考虑用户所处的生活场景，如通勤时间、休闲时刻等，选择最合适的时机推送消息，以提高信息接收度。为了评估传播效果并持续改进策略，新闻机构还需建立反馈机制，定期分析用户反应数据，调整优化传播方案。通过实施个性化的传播策略，融媒体平台不仅提升了用户体验，也增强了自身竞争力，实现了从“千人一面”向“一人一策”的转变，真正做到了以用户为中心的内容服务。

（二）定制化新闻产品开发

定制化新闻产品的开发是融媒体时代满足用户个性化需求的关键举措。通过深入分析不同用户群体的行为模式和偏好，新闻机构能够设计出高度针对性的内容和服务，从而提升用户黏性和满意度。这类定制化产品不仅仅局限于提供个性化的新闻推荐，还涉及从内容策划、制作到发布的全流程优化。例如，在体育领域，针对狂热球迷这一特定群体，可以开发包含实时比赛数据、深度赛事分析、球员访谈等元素的专属新闻服务，这些内容可以通过移动应用程序直接推送给用户，确保他们不会错过任何重要信息。对于金融投资者，定制化产品则可能包括市场动态更新、专家评论、投资组合建议等内容，以帮助他们在瞬息万变的金融市场中做出明智决策。定制化新闻产品的成功依赖于对目标受众深刻的理解和技术支持系统的建设。借助大数据分析工具，媒体组织可以从海量的用户交互数据中挖掘有价值的信息，识别用户的兴趣点，并据此调整内容策略。同时，利用先进的算法和人工智能技术，实现内容的精准匹配与推送，保证每位用户接收到的内容都是最符合其个人喜好的。此外，定制化产品还可以促进用户之间的互动交流，如创建基于共同兴趣的社区论坛或社交圈子，增强平台的社交属性。通过持续收集反馈并迭代改进，新闻机构不仅能够更好地服务于现有用户，还能吸引新用户加入，形成良性循环。最终，定制化新闻产品的开发不仅是响应用户需求的变化，更是推动媒体行业转型的重要驱动力，它促使新闻生产更加贴近用户生活，为用户提供有价值的资讯体验。

1. 满足特定群体需求

在融媒体环境下，满足特定群体需求成为新闻内容生产的一个重要方向。随着信息爆炸时代的到来，普通大众面临着信息过载的问题，而特定群体往往希望获得更为专业、聚焦的信息服务。因此，新闻机构开始注重细分市场，识别具有相似特征或共同兴趣的人群，并为他们量身打造定制化的内容。比如，科技爱好者可能会对最新的科研成果、电子产品评测、编程教程等方面表现出浓厚的兴趣，针对这一群体，媒体可以推出专门的技术博客、视频讲解、在线研讨会等形式的深度报道。同样地，旅游爱好者渴望获取实用的旅行攻略、目的地介绍以及当地文化解读，为此，新闻产品可以融入虚拟现实、增强现实等新技术，让用户仿佛置身于景点之中，提前感受旅途的魅力。而对于健康养生领域的关注者，则可提供权威的医学知识普及、健康生活方式指导等内容，甚至建立在线咨询平台，连接用户与医疗专家。通过这种方式，新闻媒体不仅能够提高内容的相关性和吸引力，还能建立起更加紧密的用户关系。

2. 增强用户体验

增强用户体验是定制化新闻产品开发的核心目标之一，它旨在通过优化内容呈现方式和服务流程，使用户在获取信息的过程中感受到便捷、愉悦和价值。为了达到这一目的，新闻机构需要不断探索新的技术和方法，以更直观、互动性强的方式传递信息。例如，采用多媒体融合的形式，将文字、图片、音频、视频等多种元素有机结合，丰富用户的感官体验；或是利用虚拟现实、增强现实等前沿技术，让用户沉浸在虚拟环境中，身临其境地了解事件现场或参观名胜古迹。另外，良好的用户体验还包括简化操作界面、加快加载速度、确保跨设备兼容性等方面，这些都是影响用户满意度的关键因素。定制化新闻产品还可以通过引入社交功能来加强用户之间的联系，如评论区、点赞分享、私信交流等，鼓励用户参与讨论，形成活跃的社区氛围。同时，基于用户行为的数据分析可以帮助新闻机构及时调整内容策略，确保推送的信息始终契合用户的即时兴趣。不仅如此，个性化定制还体现在服务细节上，如根据用户的阅读习惯自动调整字体大小、夜间模式切换等功能，体现出对用户体验的细致关怀。最终，通过全方位地提升用户体验，新闻媒体不仅能够巩固既有用户基础，还能吸引更多潜在用户，进而实现商业价值的最大化。在融媒体背景下，增强用户体验不仅是技术上的创新实践，也是构建长期用户忠诚度和品牌信任感的战略选择。

第三节　新闻生产中的质量控制与伦理考量

一、强化质量控制机制

（一）实施多层次审核流程

1. 初级筛选

初级筛选作为多层次审核流程的第一道防线，在融媒体新闻生产中扮演着至关重要的角色。它旨在迅速识别并剔除那些显然不适合进一步加工或发布的原始素材，从而为后续的专业审核减轻负担。初级筛选依赖于一套智能算法和规则库来实现自动化处理，这些算法可以基于关键词匹配、语义分析等技术快速评估大量信息源的质量和相关性。对于来自社交媒体、用户提交或其他开放渠道的内容，初级筛选能够有效拦截虚假信息、谣言和垃圾内容，防止其流入正式编辑流程。与此同时，该阶段也会考虑时效性因素，优先处理最新发生的事件或热点话题，以确保新闻的即时性和价值。尽管自动化工具大大提高了初级筛选的速度和效率，但人工干预仍然是不可或缺的一部分，尤其是在面对复杂或模糊的情况时，需要依靠编辑的经验和直觉做出判断。初级筛选的结果不仅直接影响到内容能否进入下一审核层级，而且也决定了哪些素材值得深入挖掘和发展。通过建立一个既严格又灵活的初级筛选机制，融媒体平台可以在源头上把控内容质量，为整个审核链条奠定坚实的基础，同时也为后续的专业审核提供了更有针对性和高质量的素材准备。

2. 专业审核

专业审核是融媒体新闻生产过程中确保内容质量和公信力的核心环节，它超越了初级筛选的表面评估，深入内容的真实性、完整性和公正性层面。在这个阶段，审核人员不仅仅检查语法和格式，而是要对文章进行全面的深度剖析，包括核实引用的数据来源、确认事件的时间线、评估作者的观点立场等。专业的审核团队往往由资深编辑、记者及各领域专家构成，他们凭借深厚的专业知识和丰富的行业经验，能够发现并纠正潜在的问题，比如误导性的陈述、不准确的事实描述或者偏颇的角度选择。此外，专业审核还会特别关注报道是否遵循了新闻伦理准则，如避免侵犯个人隐私、尊重知识产权等。为了适应融媒体的特点，审核流程中还融入了多媒体元素的评估，确保视频、图片、音频等内容同样符合高标准。当涉及敏感或争议性的话题时，审核团队可能会寻求外部顾问的意见，确保报道的平衡性和客观性。通过这种方式，专业审核不仅提升了单篇报道的质量，也为整个媒体平台树立了良好的声誉。最终，经过严格专业审核的内容才能被批准发布，这不仅是对读者负责的表现，也是融媒体时代新闻业维持自身影响力的重要手段。

（二）引入第三方评估机构

引入第三方评估机构作为强化新闻生产质量控制机制的重要组成部分，有助于确保内容的客观性和公正性。第三方评估机构通常独立于新闻制作和发布流程之外，其核心任务是对新闻产品进行严格审查和评价，提供专业的反馈意见。这些机构凭借自身积累的专业知识、行业经验和独立视角，能够有效识别并纠正潜在的问题，如事实错误、偏见倾向或伦理失范等，从而保障新闻报道的真实性和准确性。此外，第三方评估机构还承担着监督新闻媒体是否遵循既定的职业道德标准和社会责任的任务。它们通过定期或不定期地对媒体内容进行抽样检查，依据透明且公开的标准体系打分评级，并将结果公之于众，以此推动整个行业形成自我约束的良好风气。更重要的是，第三方评估机构的存在为公众提供了一个可靠的渠道来表达对于媒体报道的看法和建议，增加了信息传播过程中的民主参与度。例如，在涉及重大公共利益或敏感话题时，第三方评估机构可以组织专家论证会，邀请社会各界代表共同讨论争议点，确保最终发布的新闻既符合法律法规要求，又充分考虑到了社会影响。这种方式不仅提高了新闻的质量，也为构建更加健康和谐的信息环境奠定了基础。

1. 确保客观公正

为了保证新闻生产的客观公正性，引入第三方评估机构成为一种行之有效的策略。第三方评估机构以其独立的身份介入新闻审查环节，避免了内部审查可能带来的主观因素干扰。这类机构在运作过程中遵循严格的程序和方法论，采用科学合理的评估指标，从多个维度衡量新闻内容的质量。比如，它们会对新闻来源的真实性、数据使用的准确性以及报道角度的全面性等方面进行细致核查，以确保每一篇报道都能经得起时间和事实的考验。同时，第三方评估机构还会关注新闻报道是否存在明显的立场偏向或利益冲突，确保媒体能够在不同观点之间保持平衡，不偏袒任何一方。此外，第三方评估机构还积极促进跨文化理解和多元视角的融合，鼓励记者在报道中涵盖更多元的声音，尤其是那些容易被忽视的社会群体的意见。通过这种方式，第三方评估机构帮助新闻机构建立起一套严谨的内容审核机制，使得每一次信息发布都能够站在更高的道德制高点上，维护公众知情权的同时也提升了自身的专业形象。

2. 提升公信力

引入第三方评估机构对于提升新闻媒体的公信力有着深远的影响。在一个信息爆炸的时代，公众对于新闻真实性的要求越来越高，而第三方评估机构则成为验证这一真实性的重要力量。这些机构以其独立性和权威性著称，通过对新闻内容进行客观、公正的评估，为媒体提供了外部监督的有效途径。当第三方评估机构确认某篇报道无误后，这不仅是对新闻工作者努力的认可，更向读者传递了一个明确信号——该媒体值得信赖。第三方评估机构还可以通过发布年度报告、专题调研等形式，总结行业内普遍存在的问题并提出改进建议，促使各媒体不断优化自身工作流程和服务质量。这种持续改进的过程有助于树立良好的品牌形象，增强受众忠诚度。另外，第三方评估机构在处理复杂或争议性事件时所展现出的专业态度和处理能力，往往能够赢得社会各界的信任和支持，进一步巩固了其在舆论监督领域的地位。

二、重视新闻伦理教育

（一）加强伦理培训课程

1. 普及新闻伦理知识

普及新闻伦理知识对于提升整个行业的职业操守至关重要。融媒体时代的信息爆炸使得公众获取信息的渠道更加多样化，但同时也带来了诸如虚假信息泛滥、个人隐私泄露等严重问题。为了防止这些问题的发生，新闻工作者必须具备扎实的伦理基础，这需要从教育抓起。学校与培训机构应当将新闻伦理作为核心课程之一，确保未来的新闻人一开始就接受正确的价值观引导。不仅如此，针对在职人员，也应建立持续性的学习机制，通过在线课程、研讨会、工作坊等形式提供灵活的学习机会。这样的安排不仅能帮助从业者加深对新闻伦理的理解，还能促进同行间的交流与合作。更重要的是，通过广泛而深入的伦理教育，可以构建一个由内而外尊重事实、维护公共利益的新闻文化环境，使得每个参与者都能成为负责任的信息传播者，共同推动社会向更健康的方向发展。

2. 树立正确的价值观

树立正确的价值观是融媒体背景下新闻生产不可或缺的一环。在一个信息高度流通的社会中，新闻工作者的价值取向直接关系到他们所报道内容的质量和社会影响力。因此，媒体机构有责任通过各种方式强化员工的职业信念，帮助他们在复杂的舆论场中找到自己的定位。第一，要明确新闻工作的使命是服务公众利益，而非追求商业利益或迎合特定群体的需求。第二，鼓励从业者秉持客观、公正的态度对待每一个新闻事件，不偏不倚地呈现事实真相。第三，重视人文关怀，在报道过程中充分考虑到受访者的感受和权益，避免造成不必要的伤害。通过以上措施，不仅可以提高新闻产品的可信度和权威性，还能增强受众对媒体的信任和支持。长远来看，这种基于正确价值观的工作方式有助于营造一个风清气正的媒体生态，为社会和谐稳定贡献积极力量。

（二）制定并遵守行业行为准则

1. 防止虚假信息传播

在融媒体环境下，新闻媒体的角色不仅是信息的传递者，更是社会信任的守护者。随着数字技术和社交媒体的发展，信息的生成和传播速度达到了前所未有的水平，这使得虚假信息的泛滥成为一个亟待解决的问题。为了确保新闻报道的真实性、准确性和可靠性，制定并遵守严格的行业行为准则是必不可少的。这些准则不仅为新闻从业者提供了明确的行为指南，也为公众提供了一种衡量新闻真实性的标准。

行业行为准则中关于防止虚假信息传播的规定，要求记者和编辑在采编过程中保持高度的警觉性，对所有来源的信息进行严谨核实。这意味着在发布任何内容之前，必须经过多层级的事实查证程序，包括但不限于确认消息来源的可信度、核对事实细节，以及与权威机构或专家进行沟通求证。此外，对于来自网络或其他非传统渠道的信息，更要谨慎处理，避免未经证实的消息流入公共领域，造成误导。同时，媒体机构应该建立快速反应机制，一旦发现已发布的报道存在不实之处，应立即采取措施更正，并公开说明情况，以维护媒体的公信力。通过严格执行行业行为准则，融媒体环境下的新闻生产可以有效遏制虚假信息的扩散，从而构建一个更加健康、透明的信息生态系统。

2. 保护个人隐私权

融媒体时代，新闻报道中涉及个人信息的情况日益增多，这对个人隐私构成了潜在威胁。新闻业作为社会监督的重要力量，在追求新闻价值的同时，必须严格遵循行业行为准则，将保护个人隐私视为不可逾越的红线。这一原则强调了在新闻采集和报道过程中的责任意识，即在满足公众知情权的前提下，充分尊重和保障公民的隐私权益。

为了实现这一目标，新闻从业者需要在实践中落实一系列具体措施。例如，在收集信息时，要明确告知被采访对象其信息将如何使用，并获得其同意；在编写稿件时，避免披露不必要的私人细节，特别是那些可能引发歧视、骚扰或损害当事人名誉的内容；当涉及未成年人或弱势群体时，更应加倍小心，确保他们的特殊隐私需求得到妥善保护。此外，媒体机构还须建立健全内部审查制度，定期开展隐私保护培训，提高全体员工对隐私保护重要性的认识。对于违反隐私保护规定的行为，不论是有意还是无意，都应当有相应的惩罚机制来约束，以此强化从业人员的职业道德和社会责任感。通过以上努力，融媒体背景下的新闻生产可以在追求新闻价值和社会效益之间找到平衡点，既做到信息公开透明，又不侵犯个人隐私，进而促进整个社会的和谐稳定发展。

第六章　融媒体背景下的新闻传播效果分析

第一节　新闻传播效果的评估指标

一、传统媒体与新媒体指标对比

（一）传统媒体指标

1. 发行量与收听/收视率

（1）报纸杂志的发行量统计方法

在融媒体背景下，尽管数字媒体迅速崛起，但传统纸媒如报纸和杂志依然保持着其独特的地位。对于这些传统媒体而言，发行量是衡量传播效果的关键指标之一。发行量不仅反映了媒体的市场覆盖面，也是广告商评估投放价值的重要依据。传统的发行量统计通常依赖于第三方审计机构提供的数据，这些机构按照严格的标准对每份出版物的印刷数量、销售数量以及免费分发的数量进行核查。

在具体的统计过程中，会区分订阅发行和零售发行两种模式，并且还会考虑促销活动带来的额外发行量。为了确保统计数据的准确性和公正性，审计机构可能会采用抽样调查的方法，随机选取一定比例的样本进行详细检查。同时，随着电子版本的普及，发行量统计也逐渐包含了数字平台上的阅读次数，这包括通过官方网站、移动应用程序以及其他合作平台访问电子版内容的次数。另外，一些先进的统计方法还结合了用户行为分析，比如用户的停留时间、翻阅页面数等，以更全面地评估读者对内容的兴趣程度。然而，这种统计方式面临着挑战，因为不同平台之间的计数标准可能存在差异，而且存在重复计算的可能性。因此，制定统一的跨平台统计标准变得尤为重要，以确保发行量这一传统媒体核心指标在数字化转型中仍然具有参考意义。

（2）广播电视的收听收视率测量

广播电视作为传统媒体的重要组成部分，在融媒体环境中依旧占据着重要的位置。收听收视率是评估广播电视节目受欢迎程度及影响力的核心指标。它直接关系到节目制作方的资源分配决策、广告定价策略以及整体运营效益。为了准确测量收听收视率，业界普遍采用的是尼尔森（Nielsen）等专业公司的监测服务，这类公司利用固定样本组与日记法相结合的方式来进行数据收集。

具体来说，监测公司会在特定区域内选择代表性家庭作为样本户，安装专门的测量设备记录观众或听众观看或收听的具体频道和时段。同时，部分样本户还需填写日记，记录他们在没有被设备覆盖的时间段内的媒体消费行为。这种方法能够提供较为详细的观众画像，帮助了解不同人群的收视习惯。随着智能电视和联网音频设备的广泛使用，现代测量技术也在不断进步，开始整合来自多种来源的数据，包括但不限于机顶盒日志、流媒体平台的播放记录等，从而实现更加精确和实时的收听收视率监测。不过，由于人们媒体消费模式日益多样化，传统收听收视率测量面临新的挑战，如多屏观看现象增多、点播服务流行等，这就要求测量体系必须与时俱进，不断优化算法，提升数据采集的广度和深度，以适应快速变化的融媒体环境。

2. 用户反馈与评论

（1）读者来信与意见箱

在传统媒体时代，读者来信和意见箱是用户反馈的重要渠道，它们提供了直接从受众那里收集意见、建议和批评的方式。这些传统的沟通方式尽管速度较慢，但往往能捕捉到较为深入和真实的公众声音。由于来信通常需要投入更多的时间去构思和撰写，因此相较即时的数字反馈，这类反馈可能更加经过深思熟虑，表达也更为详尽。对于编辑部而言，处理这些来信是一个细致的过程，涉及分类、筛选、回复等环节，而意见箱则为匿名或非正式的评论提供了一个空间，允许公众在没有身份暴露压力的情况下发表看法。这种匿名性能够激励一些人更自由地表达他们对新闻报道的观点，包括那些可能不愿意公开讨论的意见。通过定期审视和分析这些反馈，媒体机构可以获得宝贵的见解，了解其内容是否符合观众的期待，以及在哪些方面可以改进。同时，这也是建立和维护公众信任的关键步骤之一，因为它展示了媒体愿意倾听并响应其受众的需求。

（2）观众热线与节目互动

观众热线和节目互动机制在电视和广播等传统媒体中扮演着不可或缺的角色，它们不仅促进了媒体与受众之间的即时交流，还增强了节目的参与感和个性化服务。观众热线为听众或观众提供了一个平台，使他们可以在节目播出时直接参与到讨论中，提出问题或分享观点。这种方式可以迅速获取公众对特定话题的态度，而且因为是实时互动，它能够增强观众的归属感和忠诚度。此外，节目主持人可以通过热线及时回应听众的问题，这有助于澄清误解、加深理解，并且可以将对话引向更有深度的方向。至于节目互动，则涵盖了更广泛的活动，如电话投票、短信参与、现场观众提问等，这些都是增加节目活力和吸引力的有效手段。这些互动形式能够帮助制作团队更好地把握观众的兴趣点，调整节目内容以适应市场需求，同时也可以作为评估节目受欢迎程度的一个重要指标。通过持续监控和优化这些互动渠道，媒体组织不仅可以提高自身的竞争力，还可以建立起更加紧密的社区联系，确保其传播的信息具有更高的针对性和影响力。

（二）新媒体指标

1. 网络流量分析

（1）页面浏览量

页面浏览量（Page Views，PV）是衡量网站或应用活跃度的重要指标之一，它记录了特定网页被访问的次数。对于新闻媒体而言，PV不仅反映了用户对内容的兴趣程度，还直接关联到广告收入、合作伙伴关系以及品牌影响力等多方面。在融媒体环境下，PV的统计变得更为复杂和多样化，因为同一内容可能通过多个平台分发，如官方网站、社交媒体、移动应用程序等，每个平台上的PV都需要单独计算再进行汇总。此外，随着视频流媒体和互动式内容的兴起，一次页面加载可能会触发多次PV计数，例如自动播放系列视频或用户滚动浏览长篇文章时触发的不同部分的视图更新。因此，理解PV背后的数据结构对于精准评估新闻传播效果至关重要。同时，PV的增长趋势也能揭示用户的阅读习惯变化和技术进步带来的影响，比如移动互联网普及导致的移动端PV占比增加，或是算法推荐机制优化带来的个性化内容PV提升。然而，仅凭PV无法全面评价内容质量或用户参与深度，因为它没有区分出真正关注内容的读者与偶然性访问者。这就需要结合其他指标共同考量，以获得更完整的传播效果画像。

（2）独立访客数

独立访客数（Unique Visitors，UV）是指在一定时间周期内，访问特定网站或平台的不同个体数量。UV 作为衡量受众覆盖范围的关键指标，在融媒体时代尤为重要。不同于 PV 反映的是访问频率，UV 更能体现新闻报道触及人群的广度。高 UV 意味着该媒体能够吸引大量不同的读者群体，这对于构建广泛的舆论场和增强社会影响力具有重要意义。在新媒体环境中，UV 数据可以通过多种方式获取，包括但不限于 IP 地址、Cookie 跟踪、用户登录状态等技术手段。值得注意的是，随着隐私保护法规日益严格和技术发展，传统的 UV 追踪方法面临挑战，如浏览器对第三方 Cookie 的支持逐渐减少，促使媒体机构探索新的识别技术和数据分析模型。另外，UV 还可以用来评估跨平台整合的效果，当一个新闻故事在不同平台上产生相似水平的 UV 时，表明其成功实现了多渠道传播，并有效吸引了各平台特有的用户群体。UV 的变化趋势同样为编辑部提供了宝贵的反馈信息，帮助他们了解哪些主题、格式或发布时间最能引起公众共鸣，进而指导未来的内容规划和资源分配策略。总之，UV 不仅是数字新闻生态系统中不可或缺的评估标准，也是连接媒体与受众之间关系的重要桥梁。

2. 社交媒体互动

（1）转发分享次数

在新媒体环境中，新闻内容的传播路径与传统媒体显著不同，信息不再单向流动，而是通过用户的参与和互动形成多向、网络化的扩散模式。社交媒体平台上的转发分享次数是衡量新闻传播效果的重要指标之一，它不仅反映了新闻内容的即时吸引力，也揭示了其潜在的社会影响力。每一次转发或分享都是用户对内容价值的认可，同时这些行为也为新闻提供了新的曝光机会，增加了触及更广泛受众的可能性。当一条新闻能够促进大量用户进行转发分享时，这通常意味着该内容成功地触动了公众的兴趣点或是情感共鸣点，可能是由于话题的时效性、重要性，或者是表达方式的独特性。另外，高频率的转发分享还能促使新闻议题进入社会公共讨论领域，成为舆论焦点，进一步放大其传播效应。然而，转发分享次数的统计也存在一定的局限性，例如它无法直接反映出读者对于新闻内容的真实理解程度或者意见倾向，也不能单独作为评估新闻质量的标准。因此，在分析这一指标时，还需结合其他因素综合考量。

（2）评论质量分析

社交媒体上的评论区为公众提供了一个自由表达观点的空间，同时也是观察新闻传播效果和社会反响的重要窗口。评论质量分析涉及对用户反馈的内容深度、逻辑结构、语言风格以及情感倾向等多个维度的评价。高质量的评论往往能深入探讨新闻背后的深层次问题，提出建设性的意见或批判，并且能够引发更多理性对话，促进公共议题的深入讨论。通过对评论的质量分析，可以洞察到公众对于某一新闻事件的认知水平和态度立场，有助于了解新闻报道是否达到了预期的信息传递目的，以及是否存在误导或偏见。值得注意的是，评论区也是谣言和不实信息滋生的“温床”，低质量的评论可能会混淆视听，影响新闻的正面传播效果。因此，媒体机构应当重视评论管理，鼓励健康、理性的交流氛围，同时利用技术手段过滤不良信息，确保评论环境的清朗。

二、综合评价体系构建

（一）定性与定量结合

1. 专家评分与公众投票

（1）行业专家的专业评审

在融媒体时代，新闻传播效果的评估需要引入行业专家的专业评审作为重要的衡量依据。专家评分能够提供一个基于深厚专业知识和丰富实践经验视角的评价维度，它不仅反映了媒体内容的质量和技术水平，而且对于引导公众舆论、提升媒体社会责任感有着不可替代的作用。专家们凭借其对行业的深刻理解，可以对新闻报道的选题深度、事实准确性、逻辑严谨性、表达艺术性和社会影响力等多方面进行综合考量。例如，在分析复杂的社会问题或专业领域时，专家能够识别出一般受众可能忽略的关键细节，并据此给出更加精准和权威的评价。此外，专家评审还能够在一定程度上平衡市场导向与公共利益之间的关系，确保新闻报道既具有商业价值又不失社会教育功能。通过对不同媒体平台上的同类内容进行对比研究，专家评审有助于揭示各媒体在内容生产、传播策略和受众互动等方面的优劣之处，从而为媒体机构改进工作提供宝贵的反馈信息。

（2）网民投票的民意调查

网民投票作为一种直接反映公众意愿的方式，在融媒体背景下的新闻传播效果评估中占据着不可或缺的地位。随着互联网技术的发展和普及，越来越多的民众通过网络参与各种形式的社会活动，其中包括对新闻事件的关注和讨论。通过设计合理的在线问卷或者设置专门的投票页面，可以让广大网民就特定新闻话题发表自己的看法，这不仅增加了普通民众的话语权，也为媒体了解受众需求提供了直观的数据支持。民意调查的结果往往能够反映出某一时期内社会关注的热点问题以及公众情绪的变化趋势，这对于媒体调整报道方向、优化内容结构具有重要的指导意义。同时，网民投票还可以促进媒体与受众之间的良性互动，鼓励更多的用户参与到新闻生产的各个环节当中，如选题策划、素材收集乃至最终的作品呈现。值得注意的是，为了保证调查结果的真实性和代表性，必须采取科学的方法来抽取样本并防止作弊行为的发生。因此，构建一套完善的网民投票机制，既可以增强新闻传播的社会效应，又能推动形成更加开放透明的媒介生态环境。

2. 舆情监测与社会反响

（1）正面与负面舆论比例

正面与负面舆论比例作为衡量新闻传播效果的重要维度，其核心在于通过系统化的数据收集和分析方法来量化公众对于新闻内容的情感态度。这一比例不仅体现了媒体所传达的信息是否符合受众的心理预期，还能够在一定程度上反映出媒体的社会责任履行情况。例如，在重大公共政策发布后，若相关报道能够引发较高比例的正面舆论，则说明该政策得到了民众的广泛认可和支持；反之，如果负面舆论占据主导，则提示政策可能存在需要调整的地方或是公众存在误解需要澄清。此外，通过对不同时间段内正负舆论比例的变化趋势进行跟踪研究，可以进一步洞察公众情绪随时间推移的发展变化，为后续的新闻策划提供参考依据。同时，利用先进的自然语言处理技术和大数据分析手段，可以实现对海量网络评论、社交媒体帖子等非结构化文本数据的高效挖掘，从而更精准地把握舆论动向，提高舆情预警能力，确保媒体能够在第一时间响应社会关切，维护社会稳定和谐。

（2）社会影响力评估

社会影响力评估则侧重于考察新闻报道在推动社会议题讨论、促进公民参与以及引导社会价值观念方面的作用。一个具有广泛社会影响力的新闻报道往往能够超越单纯的信息传递功能，成为激发社会变革的力量源泉。它可以通过多种渠道影响公众的认知模式和行为选择，比如，深度报道可能会促使政府重视某些长期被忽视的问题，并采取相应的政策措施加以解决；而专题性的新闻节目则可能引发公众对于特定社会现象的广泛关注和深入思考，进而推动民间组织和个人参与到相关的公益活动中来。另外，社会影响力评估还包括对媒体报道如何塑造和改变公众价值观的关注，特别是在多元文化交融日益频繁的今天，优秀的新闻作品有助于传播正能量，弘扬社会主义核心价值观，增强民族凝聚力。为了准确衡量这些较为抽象的社会影响因素，通常需要结合定性访谈、问卷调查、案例分析等多种研究方法，以全面了解新闻报道在不同层面所产生的实际效果。同时，随着数字媒体技术的发展，基于用户行为数据的分析也为评估新闻的社会影响力提供了新的视角，如浏览量、转发数、点赞数等指标可以在一定程度上反映内容的受欢迎程度及其潜在的社会动员能力。

（二）长期与短期效果衡量

1. 即时反应与持续关注

（1）新闻报道发布后的即时响应

新闻报道在融媒体环境下的即时响应，是指信息一经发布即刻产生的社会反响和受众反馈。这种即时性得益于数字化媒体平台的普及以及社交媒体网络的互动特性。信息发布者通过分析点击率、分享次数、评论数量等量化数据，可以快速评估一则新闻报道的吸引力和传播范围。同时，借助大数据技术和人工智能算法，能够对受众的情绪倾向、意见领袖的观点影响进行深度解析，从而洞察公众态度和社会情绪的变化趋势。此外，即时响应还体现在媒体机构之间的联动效应上，当一个平台上的新闻引起广泛关注后，其他媒体往往会迅速跟进，形成多渠道、多层次的信息扩散格局。这不仅增强了新闻事件的曝光度，也促进了不同媒介资源间的协同合作。然而，即时响应虽然能提供初步的效果评估，但其局限在于难以全面反映新闻报道的深层次影响力，因此需要结合长期跟踪研究来补充和完善评价体系。

（2）长期跟踪报道的影响变化

长期跟踪报道的影响变化是衡量新闻传播效果不可或缺的一部分，它超越了即时响应所涵盖的时间维度，深入探究新闻报道随着时间推移而产生的累积效应和社会变迁关联。对于一些具有深远意义或复杂背景的事件而言，长期报道有助于揭示问题的本质和发展脉络，引导公众形成更为理性、全面的认知。例如，在环境问题、公共卫生危机或是社会改革等领域，持续性的报道能够促使政府决策更加透明化，推动相关政策制定和完善，并且加强社会各界对特定议题的关注度和参与度。同时，长期跟踪报道还能监测到媒体报道本身对受众行为模式改变的作用，如环保意识提升、健康生活方式采纳等正面影响。通过对不同阶段受众反馈数据的对比分析，可以科学评估新闻报道是否达成了预期的社会教育目标，以及如何优化未来的传播策略以更好地服务于公共利益。

2. 品牌建设与忠诚度培养

（1）媒体品牌的塑造

在融媒体环境下，媒体品牌的塑造是新闻机构实现可持续发展的重要策略。一个强大的媒体品牌不仅仅是一个标识或名称，它代表了媒体组织的价值观、专业性以及其与公众之间的信任关系。随着信息传播渠道的多样化和技术手段的不断更新，媒体需要通过内容质量、传播方式和社会责任等方面来构建自身独特的品牌形象。高质量的内容始终是吸引和保持受众注意力的核心因素，因此，媒体应致力于提供具有深度、广度且贴近生活的报道，以满足不同层次受众的信息需求。同时，利用多平台融合的优势，整合资源，优化用户体验，确保信息能够在恰当的时间、地点以最合适的方式触达目标群体。此外，媒体还应该积极履行社会责任，参与公共事务讨论，反映社会问题，并推动解决方案的形成，以此来提升自身的公信力和美誉度。在这个过程中，媒体品牌逐渐形成一种无形资产，不仅增强了市场竞争力，也为长期的品牌忠诚度奠定了坚实的基础。

（2）受众对特定媒体的忠诚度

受众对特定媒体的忠诚度是衡量融媒体时代新闻传播效果的关键指标之一。这种忠诚度不仅仅体现在观众、读者或听众的数量上，更重要的是他们对某一媒体的情感联系和持续关注意愿。在信息爆炸的时代背景下，受众面临着海量的信息源选择，而能够建立起深厚情感纽带的媒体将更有可能获得稳定的支持者群体。为了培养忠诚度，媒体必须深入了解并回应受众的需求，包括个性化内容定制、互动交流机制建设等。例如，通过社交媒体平台建立直接沟通渠道，鼓励用户反馈意见，从而及时调整内容策略和服务模式；或者开展线上线下活动，增强社区归属感。与此同时，媒体还需要保持一贯的专业性和公正性，在复杂多变的社会环境中坚守事实真相，赢得公众的信任。当受众感受到自己所信赖的媒体始终如一地提供优质服务时，他们就更可能成为忠实拥趸，并愿意向他人推荐，进而形成良好的口碑效应。最终，高忠诚度的受众群体将成为媒体品牌价值的重要组成部分，助力其实现长远发展目标。

第二节　融媒体环境下新闻传播的受众分析

一、受众特征与需求剖析

（一）年龄层分布

1. 年轻群体的需求特点

（1）数字原住民的信息获取习惯

在融媒体环境下，年轻群体作为数字原住民，其信息获取习惯呈现出鲜明特点。他们习惯于通过互联网、社交媒体等渠道获取信息，对实时性、便捷性和互动性有着极高要求。这一群体对信息的筛选和处理能力较强，能够在海量信息中迅速找到自己感兴趣的内容。与此同时，他们更倾向于碎片化阅读，善于利用零散时间进行信息获取。此外，数字原住民对个性化推荐和信息定制有着较高的需求，这使得他们在信息获取过程中更加注重用户体验。在这种背景下，新闻报道需顺应年轻群体的信息获取习惯，创新传播方式，以提高传播效果。

（2）对多媒体形式的偏好

年轻群体在融媒体环境下对新闻传播形式有着独特偏好，他们更倾向于接受多媒体形式的新闻报道。相较于单一的文字或图片，融合音频、视频、动画等多种元素的新闻更能吸引他们的注意力。这种多媒体形式的新闻报道不仅丰富了信息传递的手段，还能提高信息的传播效率。年轻群体对多媒体形式的偏好，要求新闻从业者不断提升自身综合素质，善于运用多种技术手段，制作出富有创意和吸引力的新闻作品。在此基础上，新闻传播者还需关注年轻群体的审美需求，将新闻报道打造成兼具观赏性和价值性的内容，以提升新闻传播的受众满意度。

2. 中老年群体的接受度

（1）传统媒体依赖性的转变

在融媒体时代，中老年群体的传统媒体依赖性正经历着深刻的转变。长期以来，报纸、电视和广播等传统媒体形式是中老年人获取信息的主要渠道，这些平台提供的深度报道、权威解读以及相对慢节奏的信息消费方式符合他们对于新闻内容的偏好。然而，随着互联网技术的发展和数字媒体的普及，中老年人开始逐渐接触并接受新媒体带来的便捷与丰富性。这一变化并非一蹴而就，而是伴随着智能设备成本降低、操作界面简化以及社交媒体平台社交属性增强等因素共同作用的结果。新媒体不仅为中老年人提供了更多元化的信息来源，还通过互动性强的功能设计增强了用户的参与感和归属感。例如，一些新闻客户端针对中老年人群优化了字体大小、阅读模式，并设置了易于理解和操作的功能入口，使得这一群体能够更加轻松地融入数字化信息环境。同时，直播、短视频等形式的出现也降低了内容创作门槛，激发了中老年人自我表达和分享生活的欲望。值得注意的是，尽管中老年人对新媒体的接受度有所提高，但他们在使用过程中仍表现出对信息真实性和可靠性的高度关注，这提示新闻从业者在进行融合传播时需特别注重内容的质量把控和服务体验优化，以满足中老年受众不断演变的需求。

（2）融合产品对中老年人的吸引力

融合产品在吸引中老年群体方面展现出独特的优势，它们将传统媒体的内容优势与新媒体的技术特性相结合，创造出既保留了原有受众熟悉元素又具备创新特质的新形态。这类产品往往以用户为中心，围绕中老年人的生活场景和兴趣点展开设计，从而提高了其在该年龄段中的吸引力。例如，许多新闻应用引入了语音播报功能，允许用户选择收听感兴趣的文章，这种无障碍的信息获取方式极大地便利了视力受限或不习惯长时间阅读的中老年人。此外，融合产品通常会结合地域文化特色，提供本地化服务，如社区活动预告、健康养生讲座等实用信息，使中老年人能够在熟悉的环境中找到归属感。同时，借助于社交网络的力量，融合产品还可以帮助中老年人建立新的社交圈子，通过评论区互动、线上聚会等方式促进人际交流，缓解孤独感。值得注意的是，为了更好地吸引中老年人，融合产品还需要持续关注用户体验，确保界面友好、操作简单，并定期更新内容以保持新鲜感。通过以上措施，融合产品不仅能够满足中老年人的信息需求，还能成为他们生活中不可或缺的一部分，进一步推动融媒体背景下新闻传播效果的最大化。

（二）地域文化差异

1. 城乡受众的不同需求

（1）城市受众对时效性和深度的要求

在城市这一特定的社会文化环境中，受众对新闻报道的需求呈现出对时效性和深度的双重追求。城市生活的快节奏和信息的高度流通，使得城市受众对新闻的实时更新有着极高的期待。他们希望能够在第一时间获取到最新的资讯，以便快速做出反应和决策。同时，城市受众的教育水平和信息素养普遍较高，他们对新闻背后的原因、影响和趋势有着深入探究的欲望。因此，新闻报道不仅要迅速传递信息，还要提供深入的分析和解读，以满足城市受众对新闻深度的需求。这种需求促使新闻从业者必须不断提升新闻采集、处理和传播的能力，以适应城市受众对高质量新闻内容的期待。

（2）农村受众对实用性和贴近性的追求

相较于城市，农村地区的受众在新闻传播需求上表现出对实用性和贴近性的显著追求。农村受众更关注与自身生活密切相关的信息，如农业政策、农产品市场动态、乡村建设等。他们期望新闻报道能够提供具体的指导和建议，帮助解决实际问题。因此，新闻内容需要贴近农村生活，传递对农村受众有用的信息。另外，农村受众对新闻的贴近性需求还体现在文化认同和情感共鸣上。新闻报道应采用更为贴近农村语境的语言和表现形式，以增强信息的可接受性和传播效果。这种针对农村受众需求的新闻报道，有助于提升新闻在农村地区的传播力，促进农村社会的信息流通和文化发展。

2. 不同地区文化的适应性

（1）地方特色内容的重要性

在融媒体环境中，地方特色内容成为吸引本地受众、增强媒体黏性的重要手段。对于任何特定地理区域内的居民来说，他们对自身所在社区的关注往往超过其他地区，这不仅是因为地缘上的亲近感，更是因为这些信息直接关系到他们的日常生活和社会互动。因此，新闻报道中融入地方文化元素能够显著提高信息的相关性和吸引力。例如，关于本地历史遗产的保护工作、传统节日庆典，以及地方政治经济动态等内容，都能够在满足公众知情权的同时，促进文化传承和社会凝聚力的提升。另外，地方特色内容也是构建媒体品牌差异化竞争力的有效途径。通过深入挖掘并展现独特的地域风貌和人文精神，媒体可以塑造出独一无二的品牌形象，与受众建立深厚的情感联系。而从传播效果的角度看，这类内容更容易激发受众的情感共鸣，促使他们积极参与评论、分享等二次传播行为，从而扩大影响力。同时，随着互联网技术的发展，即使是小众的地方话题也有可能借助社交媒体平台迅速扩散，获得更广泛的注意力。总之，在融媒体时代，重视地方特色内容不仅是贴近民众生活的体现，也是实现新闻价值最大化的重要方式。

（2）国际化视角与本土化的平衡

在全球化日益加深的今天，融媒体环境下的新闻传播需要巧妙地平衡国际化视角与本土化需求之间的关系。一方面，全球化带来了信息流动的加速和技术应用的趋同，使得不同国家和地区之间的交流更加频繁紧密。在此背景下，媒体机构应当积极采纳国际视野，关注全球重大事件，并将其置于世界背景之下进行解读，为国内受众提供多元化的信息源。另一方面，每个地区的文化习俗、社会结构和受众偏好又存在着显著差异，这就要求新闻传播必须尊重并适应本土特征，以确保信息的有效传递。具体而言，媒体可以通过采用双语或多语言发布机制，覆盖更广泛的受众群体；或是根据当地的文化习惯调整报道风格，如使用易于理解的语言表达复杂概念，避免因文化隔阂造成误解。同时，在处理涉及跨国界或跨文化的议题时，媒体应努力寻找普遍关心的话题切入点，将全球性问题与本地实际情况相结合，既反映共通的人类关切，又不失对本土特色的关注。这样的平衡不仅有助于增进国内外受众之间的相互了解，也为融媒体时代的新闻传播提供了更为广阔的发展空间。

二、受众行为模式研究

（一）信息消费路径

1. 从接触点到转化点

（1）受众首次接触到新闻的方式

在融媒体环境下，受众首次接触到新闻的方式呈现出多样化的特征。信息消费路径的起点通常是个性化的新闻推送、社交媒体的分享、搜索引擎的检索结果或新闻网站的推荐。这些接触点往往基于算法推荐或用户行为分析，确保了新闻内容与受众兴趣的初步匹配。此外，户外显示屏、公共交通移动媒体等实体渠道也是受众接触新闻的重要途径。这些首次接触的方式在很大程度上决定了受众对新闻的初步印象和后续的关注度。因此，新闻传播者需要精准把握不同渠道的特点，优化新闻内容的呈现形式，以提高受众的首次接触体验，从而为后续的新闻消费行为打下良好基础。

（2）如何促使受众进一步行动

在受众首次接触到新闻之后，如何促使他们进一步行动，如深入阅读、分享、评论或参与互动，是衡量新闻传播效果的关键。这一转化点的实现，依赖于新闻内容的吸引力、情感共鸣和价值认同。新闻传播者应通过精准的标题设置、引人入胜的开篇、丰富的多媒体元素以及清晰的逻辑结构，增强新闻的阅读价值。同时，提供便捷的互动平台和反馈机制，可以激发受众的参与感。此外，通过设置悬念、提供独家视角或深入分析，可以满足受众对深度信息的需求，进而促使他们进行更深层次的新闻消费。在这一过程中，新闻传播者还需关注受众的反馈，及时调整传播策略，以实现从接触点到转化点的有效过渡。

2. 跨平台流动趋势

（1）多屏互动的行为特征

在融媒体环境中，信息传播的多屏互动成为受众行为模式的一个显著特征。随着智能设备的普及和技术的发展，受众能够通过电视、电脑、平板和智能手机等多个屏幕获取新闻资讯，并且这些屏幕之间的互动性日益增强。这种跨平台的信息消费方式改变了传统的线性观看或阅读习惯，形成了更加复杂和动态的媒体使用路径。多屏互动不仅限于同时使用多个设备进行不同内容的浏览，还体现在从一个屏幕到另一个屏幕的无缝转换上。例如，在观看直播节目时，观众可能会利用手机查阅相关背景资料，或者参与社交媒体上的讨论。这种行为要求媒体机构必须提供一致且连贯的内容体验，以确保用户可以在任何设备上继续他们的信息探索之旅。为了迎合这一趋势，媒体需要开发适应多屏环境的内容格式和技术解决方案，如响应式网页设计、适配移动端的应用程序等。此外，理解并预测受众在不同屏幕间的切换逻辑对于优化广告投放策略和提高用户黏性也至关重要。通过对用户数据的分析，可以更好地把握多屏互动中受众的兴趣点和需求变化，从而制定出更具针对性的内容分发方案，促进更深层次的用户参与和品牌互动。

（2）线上线下融合的体验

融媒体时代的新闻传播正在打破线上与线下世界的界限，创造出一种全新的用户体验模式。随着数字技术的进步和社会生活习惯的演变，受众不再满足于单一维度的信息获取方式，而是追求一种整合了虚拟与现实元素的沉浸式体验。线上线下的融合不仅为新闻报道提供了更为丰富的表达形式，也为受众创造了更多元化的互动机会。例如，一些媒体会在线上发布活动预告或直播链接，吸引用户关注，然后在线下举办实体活动，如讲座、展览或见面会，使参与者可以直接接触到事件本身或是与报道中的主角面对面交流。这种互动增强了新闻的真实感和可信度，同时也加深了受众对特定话题的理解和记忆。为了实现有效的线上线下融合，媒体机构需要精心策划内容布局，确保两个场景之间存在有机联系。这包括提前规划好线上预热、实时同步以及事后回顾等环节，让未能亲临现场的用户也能感受到活动氛围。此外，利用增强现实、虚拟现实等新技术手段，还可以进一步拓展体验边界，为用户提供超越物理空间限制的独特视角。最终，通过构建全方位、立体化的传播网络，媒体不仅能够提升自身影响力，还能建立起更加紧密的社群关系，为长期发展积累宝贵的社交资本。

（二）受众忠诚度与迁移

1. 建立忠实粉丝群

（1）通过优质内容吸引固定观众

在融媒体环境下，建立忠实粉丝群的首要策略是持续提供高质量的新闻内容。这要求新闻从业者深入挖掘新闻价值，以独到的视角、严谨的调查和精心的叙事，打造出具有高度专业性和独特性的新闻作品。优质内容能够满足受众对信息深度和广度的需求，从而在众多信息源中脱颖而出，吸引并固定观众的注意力。此外，个性化的内容定制和精准推送也是关键，它们能够增强受众的归属感和认同感，促使观众从偶然的浏览者转变为稳定的追随者。在这一过程中，新闻机构需要不断优化内容生产机制，确保新闻的时效性、准确性和创新性，以稳固受众基础，构建起坚实的粉丝群体。

（2）构建社区增强用户黏性

在建立了初步的忠实观众群体后，构建社区成为增强用户黏性的重要手段。新闻机构可以通过搭建互动平台，如论坛、评论区、社交媒体小组等，为受众提供一个交流观点、分享经验和表达情感的空间。这样的社区不仅能够促进受众之间的互动，还能够加深受众与新闻品牌之间的联系。通过组织线上线下活动、话题讨论和用户生成内容（UGC）的征集，新闻机构可以进一步提升受众的参与度和归属感。同时，社区的管理和维护同样重要，确保环境的健康和活跃，及时响应受众的反馈，可以有效提升用户的整体体验，从而增强用户对新闻品牌的忠诚度，减少受众的迁移行为。

2. 应对受众流失风险

（1）分析流失原因并采取对策

融媒体环境下的受众忠诚度与迁移现象对媒体机构提出了新的挑战。要有效应对受众流失风险，必须深入剖析导致用户离开的根本原因，并针对性地制定解决方案。从内容层面来看，信息过载和同质化竞争使得受众更倾向于选择那些能够提供独特视角、深度解析及即时互动的平台。如果一个媒体未能持续满足这些需求，就容易丧失其吸引力。此外，技术因素也不容忽视，用户体验不佳，如加载速度慢、界面不友好或移动适配性差等问题，都可能促使受众转向其他竞争对手。同时，随着社会文化的变迁和个人兴趣爱好的转移，媒体也需要灵活调整内容方向和社会责任立场，以适应不断变化的受众期望。因此，媒体机构需要构建一套完整的监测系统，通过数据分析来识别趋势，预测潜在问题，并据此优化内容生产和传播策略。例如，利用大数据和人工智能技术进行用户行为追踪，了解不同群体的具体需求和偏好，从而实现精准推送，提高内容的相关性和时效性。针对已经出现的流失迹象，媒体应快速响应，推出特别策划或主题活动吸引注意力，同时强化与用户的沟通交流，收集反馈意见，以此作为改进工作的依据。

（2）创新以赢回老用户的心

融媒体时代的新闻传播要求媒体不仅要在获取新用户方面有所作为，还需要重视如何重新赢得曾经流失的老用户。这一过程涉及媒体品牌的重塑和价值主张的更新，旨在唤起老用户的回忆，激发他们对品牌的新一轮认同感。媒体可以通过引入创新的内容形式和技术应用来提升用户体验，比如采用虚拟现实、增强现实等前沿科技打造沉浸式报道，或是开发专属应用程序提供个性化服务，让老用户感受到新颖且有价值的变化。除此之外，加强社区建设和社交互动也是关键的一环。创建活跃的在线社区可以为用户提供一个分享观点、参与讨论的空间，这不仅有助于增加黏性，还能促进口碑传播。定期举办线上线下相结合的活动，如专题讲座、粉丝见面会等，不仅能拉近媒体与用户之间的距离，还为老用户提供了再次融入的机会。媒体还需展示其社会责任感，积极参与公共议题讨论，体现人文关怀，这样可以让老用户觉得跟随这样的媒体不仅是获取信息，更是参与到有意义的社会实践中。最后，透明度和诚实至关重要，媒体应当公开承认过去的不足，并承诺改进措施，以此建立更加坚固的信任桥梁。

第三节　融媒体对新闻传播效果的正负影响

一、正面效应探讨

（一）扩大覆盖范围

1. 突破时空限制

（1）实时更新与全球同步

融媒体技术的应用极大地扩展了新闻报道的覆盖范围，其中最为显著的正面效应之一是实现了新闻的实时更新与全球同步。在融媒体环境下，新闻报道不再受制于传统的出版周期和地理界限，信息的传递速度达到了前所未有的即时性。通过互联网和卫星传输，新闻事件一旦发生，即可在短时间内被采集、编辑并发布，确保了全球各地受众能够同步接收到最新资讯。这种实时性不仅提高了新闻报道的时效性，还在重大事件和突发新闻的报道中发挥着至关重要的作用，使得新闻机构能够迅速响应，满足受众对信息的需求，从而增强了新闻传播的影响力和公信力。

（2）移动互联网的无处不在

移动互联网的普及是融媒体扩大新闻覆盖范围的另一重要因素。随着智能手机和其他移动设备的广泛使用，移动互联网已经成为受众获取新闻信息的主要渠道。这种无处不在的网络连接，使得新闻报道能够触及传统媒体难以覆盖的角落，无论是偏远的乡村还是繁忙的都市，受众都能通过移动互联网实时获取到高质量的新闻内容。此外，移动互联网的便携性使得受众可以在任何时间、任何地点进行新闻消费，这种便捷性极大地提升了受众的参与度和新闻的传播效率。因此，在融媒体环境下，新闻传播的覆盖范围得以无限扩展，新闻报道的影响力也得以在更广泛的层面上得到发挥。

2. 多元渠道整合

（1）综合利用各种传播媒介

融媒体环境下的新闻报道通过整合多种传播媒介，为信息的广泛覆盖和深度渗透提供了前所未有的可能性。传统媒体与新兴数字平台之间的协同作用，使得新闻内容能够跨越单一渠道的限制，触及更广泛的受众群体。例如，电视、广播等传统媒体拥有成熟的制作能力和庞大的观众基础，而互联网平台则以其即时性和互动性见长，两者结合可以实现优势互补。新闻机构利用多媒体融合策略，将同一新闻事件以多种形式呈现出来，如文字报道、视频直播、音频播客等，满足不同用户偏好和消费场景的需求。此外，社交媒体的加入进一步扩大了信息的扩散范围，通过用户分享和评论功能，新闻内容得以在社交网络中快速传播，形成裂变式增长。与此同时，移动应用程序作为连接用户的便捷入口，也为个性化推送和服务定制创造了条件。新闻机构可以根据用户的浏览习惯和兴趣标签，精准地将相关内容推送给目标受众，确保信息的有效到达。这种多渠道的综合运用不仅提高了新闻报道的可见度和影响力，还促进了公众对重要议题的关注和讨论，增强了社会的信息共享和交流水平。

（2）提升信息传递效率

融媒体时代的信息传递效率得到了显著提升，这得益于多元渠道的无缝对接和技术手段的支持。在这一背景下，新闻机构能够迅速响应突发事件，第一时间发布准确可靠的资讯，满足公众对于时效性的需求。借助于大数据分析和人工智能算法，编辑团队可以实时监测全球范围内发生的动态，预测可能成为热点的话题，并提前准备相应的报道计划。一旦新闻事件发生，记者可以通过现场直播、短视频等多种形式进行即时报道，使受众几乎同步了解事态发展。同时，云技术和5G网络的发展大幅降低了数据传输延迟，保证了高清图像和视频的流畅播放，提升了用户体验。不仅如此，跨平台的内容分发机制允许新闻在同一时间点上通过多个终端同步更新，无论是在电脑、智能手机还是智能电视，用户都能获得一致且最新的信息。此外，融媒体环境下的互动特性鼓励受众参与到新闻生产过程中来，他们可以通过评论、点赞等方式反馈意见，促使媒体更加灵活地调整报道方向和重点。

（二）丰富内容形式

1. 图文并茂与视频直播

（1）增强视觉冲击力

融媒体技术的发展为新闻报道提供了丰富的内容形式，其中图文并茂的报道方式显著增强了新闻的视觉冲击力。在传统文本基础上，融合高质量的图片、图表和动画，不仅能够直观地展示新闻事件的关键信息，还能够有效地吸引受众的注意力，提升信息的传播效率。视觉元素的加入，使得新闻报道更加生动和立体，能够迅速传达情感和氛围，加深受众对新闻事件的理解和记忆。此外，视觉内容的创新设计还能提升新闻品牌的识别度，增强新闻作品的独特性和专业性，从而在竞争激烈的媒体环境中脱颖而出，满足受众对高质量新闻内容的期待。

（2）提供更直观的报道方式

视频直播作为融媒体环境下新闻报道的另一种重要形式，为受众提供了更为直观的报道体验。与图文报道相比，视频直播能够实时展现新闻现场的全貌，让受众仿佛亲临其境，感受到新闻事件的真实性和紧迫性。这种直观的报道方式不仅提升了新闻报道的透明度和可信度，还能够通过现场同期声和动态画面，传递更为丰富的信息和情感。视频直播的互动性也是其一大优势，受众可以通过评论、点赞等方式与主播或现场记者进行实时交流，这种参与感极大地提升了受众的忠诚度和新闻的传播效果。因此，视频直播已成为融媒体时代新闻报道的重要手段，对于提升新闻传播的深度和广度起到了关键作用。

2. 互动元素加入

（1）直播间的实时问答

融媒体环境下的新闻报道通过引入直播间实时问答，为受众提供了前所未有的互动体验。这种形式打破了传统媒体单向传播的局限性，实现了信息生产者与消费者之间的即时交流。在直播过程中，主持人或嘉宾可以就当前讨论的话题直接回应观众提出的问题，这一过程不仅增强了新闻内容的真实性和透明度，还赋予了普通民众参与公共议题讨论的机会。实时问答功能借助于互联网平台的技术支持，如弹幕、评论区等交互工具，让观众能够迅速表达自己的观点和疑问，形成一个动态的信息反馈循环。对于新闻机构而言，这不仅是获取第一手民意的重要途径，也是检验自身报道是否贴近民情的有效方法。同时，实时问答有助于构建更加紧密的社区关系，当观众看到自己或他人的问题得到解答时，会增强对媒体的信任感和归属感。此外，直播间的互动还可以激发公众对复杂问题的兴趣，鼓励他们深入思考，并参与到后续的讨论中去。随着技术的发展，实时问答的应用场景不断扩展，从重大事件报道到专题讲座，再到日常生活的小贴士分享，都成为可能。这种方式不仅丰富了新闻内容的形式，也使得媒体服务更具人性化和社会责任感。

（2）VR/AR 技术带来的沉浸感

虚拟现实和增强现实技术在融媒体新闻报道中的应用，正在重新定义受众体验新闻的方式，带来了前所未有的沉浸式感受。这些前沿科技使用户不再仅仅是被动的信息接收者，而是成为新闻故事的一部分，身临其境地感知事件发生的现场氛围。例如，在报道自然灾害或历史遗迹时，VR 可以让观众仿佛置身于灾区救援的第一线或古老文明的遗址之中，极大地提升了信息传递的情感冲击力和记忆深度。而 AR 则是在现实世界的基础上叠加数字信息，它可以在不影响真实环境感知的情况下，提供额外的知识层，比如在城市导览或者文物展览中，通过智能手机或智能眼镜展示隐藏的历史背景或科学解释。这种融合物理与虚拟世界的报道方式，不仅增加了内容的趣味性和教育价值，也为新闻机构创造了新的叙事维度。更重要的是，VR/AR 技术的应用促进了跨文化交流，跨越语言障碍，以直观的方式讲述全球各地的故事，从而拉近了不同文化背景人群之间的距离。随着相关硬件设备的成本降低和技术成熟度提高，预计未来会有更多媒体采用这类创新手段来吸引并留住年轻一代的受众，同时也为传统新闻业注入了新的活力。

二、负面效应反思

（一）信息过载问题

1. 海量信息筛选困难

（1）用户难以找到有价值的内容

在融媒体环境下，信息过载问题日益凸显，其中最为显著的负面效应之一是用户在海量信息中难以找到有价值的内容。随着信息生成和传播速度的加快，受众面临着前所未有的信息洪流，这使得他们在筛选和获取信息时感到困惑和疲惫。这种信息过载不仅降低了用户的信息处理效率，还可能导致用户错过重要的新闻事件或深度报道。此外，大量重复、低质甚至虚假信息的充斥，进一步增加了用户识别和选择有价值内容的难度，从而影响了用户的信息消费体验和新闻传播的效果。因此，如何在信息过载的背景下，提高新闻内容的筛选效率和准确性，成为融媒体时代新闻传播面临的重要挑战。

（2）缺乏有效的推荐机制

信息过载的另一个负面效应是缺乏有效的推荐机制，这导致用户在寻找符合自己需求的信息时往往感到无所适从。虽然算法推荐系统在一定程度上缓解了这一问题，但其精准度和个性化水平仍有待提高。现有的推荐机制往往基于用户的历史行为和偏好进行推送，但这种模式容易形成信息茧房，限制用户的信息视野。同时，推荐系统可能被商业利益驱动，导致用户接收到大量广告和低质量内容。因此，建立一套既能准确把握用户需求，又能保障内容质量和多样性的推荐机制，对于改善用户体验、提升新闻传播效果具有重要意义。这要求新闻从业者和技术开发者共同努力，不断创新推荐算法，优化用户界面设计，以实现信息与用户需求的有效匹配。

2. 注意力分散与浅阅读

（1）快节奏生活下的碎片化阅读

在融媒体环境下，信息传播的速度和广度显著提升，但同时也催生了碎片化阅读的现象。随着生活节奏的加快和个人时间被分割成更小的单位，人们倾向于利用零散的时间片段获取新闻资讯，如在通勤、休息间隙快速浏览社交媒体或新闻应用上的短篇文章和标题。这种阅读模式虽然提高了信息接触的频率，却也带来了注意力难以集中的问题。受众往往只是浅层地扫视内容，缺乏深入探究的兴趣和时间，导致对复杂议题的理解停留在表面层次。此外，多媒体平台为了适应这一趋势，通常会将内容切割为易于消化的小块，配合吸引眼球的标题和视觉元素，进一步助长了碎片化的倾向。然而，这样的内容结构容易使读者忽略背景信息和逻辑关联，无法形成系统的知识架构。长期处于这种阅读习惯中，受众可能会逐渐失去对长篇幅、深度报道的兴趣，转而依赖简短、即时的信息更新，这不仅影响了个体的知识积累，也对整个社会的文化素养提出了挑战。因此，在融媒体时代，如何平衡快节奏生活的实际需求与深度阅读的价值，成为媒体从业者需要深思的问题。

（2）深度思考能力的减弱

融媒体环境促进了信息的快速流动，但也伴随着一个不容忽视的负面效应：深度思考能力的潜在削弱。当海量信息以极高的速度涌入人们的视野时，个体面对的是一个不断变化且充满诱惑的信息流。在这种情况下，受众往往没有足够的时间去反思和内化接收到的内容，而是被迫不停地切换关注点，以跟上新的信息更新。这种持续不断的注意力转移，使得大脑难以进入深层次的认知加工状态，从而减少了进行批判性思维和创造性联想的机会。随着时间推移，读者可能变得更加倾向于接受既定的观点和结论，而不是主动质疑和探索不同角度的可能性。同时，融媒体平台上的互动评论区虽然提供了表达意见的空间，但由于讨论往往围绕着热点话题展开，且充斥着情绪化的言论，真正有建设性的交流变得稀缺。长此以往，公众对于复杂社会现象的理解可能趋于简单化，降低了社会整体的智慧水平。为了应对这一挑战，媒体机构需要探索新的方式来引导受众进行更有价值的信息消费，例如通过专题策划、系列报道等形式鼓励用户参与长时间跨度的议题探讨，帮助他们重建深度思考的习惯。

（二）假新闻与误导性信息

1. 快速传播中的失真

（1）不实消息的病毒式扩散

在融媒体环境下，假新闻与误导性信息的快速传播成为一个突出的负面效应。不实消息的病毒式扩散，尤其是在社交媒体平台上，往往能够在极短的时间内触及广泛的受众群体。这种扩散速度远超过了传统媒体时代，使得错误信息在未经充分核实之前就已经被大量传播。这种现象不仅损害了新闻行业的公信力，还可能对公众意见、市场决策甚至社会稳定造成严重影响。不实消息的病毒式扩散机制通常涉及算法的放大效应和人为的操纵行为，这些因素共同作用，使得遏制假新闻的传播变得更为复杂和困难。

（2）核查真相的时间成本增加

随着不实消息的快速传播，核查真相的时间成本显著增加，这在一定程度上加剧了假新闻的负面影响。在融媒体环境下，新闻的核查工作面临着巨大的挑战，包括信息源的多样性和复杂性、信息量的庞大以及技术手段的局限性。新闻机构和事实核查组织需要投入大量的人力、物力，才能在有限的时间内对可疑信息进行甄别和验证。这种时间成本的增加，不仅延缓了真相的揭露，还为不实消息的传播提供了空间。因此，提高事实核查的效率和准确性，发展自动化核查工具，以及提升公众的信息素养，成为应对融媒体时代假新闻挑战的必要措施。

2. 社会责任感缺失

（1）媒体伦理面临的挑战

融媒体环境下的信息爆炸和传播速度加快，使得假新闻与误导性信息的产生和扩散变得更加容易。这一现象对传统媒体伦理构成了严峻挑战，尤其是在追求点击率和流量变现的压力下，部分媒体机构可能忽视了其应有的社会责任。在这样的背景下，新闻的真实性、客观性和公正性等核心原则受到了威胁。当虚假或不完整的信息被广泛传播时，它不仅干扰了公众的认知判断，还可能导致社会舆论的混乱和不稳定。同时，为了吸引眼球，一些报道可能会过度渲染或歪曲事实，造成不必要的恐慌和社会矛盾。此外，匿名性和互动性的增强让任何人都可以成为信息发布者，这进一步增加了核实信息来源和内容真实性的难度。对于专业媒体而言，如何在快速变化的信息环境中坚守伦理底线，确保报道的质量和可信度，成为亟待解决的问题。他们需要建立更加严格的内容审查机制，加强记者的职业道德培训，提高辨别真伪的能力，并且积极采用新技术手段来追踪和验证信息源。与此同时，行业内部也应强化自律意识，共同维护良好的媒体生态环境，以应对融媒体时代带来的复杂挑战。

（2）公众信任度下降的风险

假新闻和误导性信息的泛滥直接削弱了公众对媒体的信任，这是融媒体背景下不容忽视的一个负面效应。在一个信息高度流通的时代，一旦受众发现所接收到的消息存在偏差或者完全失实，他们将开始质疑所有来源的可靠性，进而导致整个新闻行业的公信力受损。这种信任危机不仅影响到单个媒体品牌的声誉，还会波及整个传媒领域，使人们对于新闻报道的价值产生怀疑。随着社交媒体平台成为信息传播的重要渠道之一，个人意见和未经证实的消息能够迅速获得大量关注，进一步加剧了真假难辨的局面。面对这种情况，媒体机构必须采取有效措施重建公众信心，比如通过透明化运作流程，公开编辑方针和采编标准，向读者展示其致力于提供准确、公平报道的决心。另外，加强与受众之间的沟通也很关键，鼓励反馈并及时回应疑问，以此证明媒体愿意倾听民意并且负责任地处理问题。长期来看，只有不断优化内容质量，坚持真实、客观的原则，才能逐步恢复并巩固公众对媒体的信任，确保新闻业在数字时代持续健康发展。

第七章　融媒体新闻报道的案例研究

第一节　国内外融媒体新闻报道的成功案例

一、国内融媒体新闻报道的成功案例

（一）县级融媒体时政主题新闻报道分析——以“巫山发布”微信公众号为例

本案例以“巫山发布”微信公众号为调查对象，对其在2023年7—11月内的运营和传播情况进行分析。“巫山发布”时政主题新闻报道稿件大多数都有固定的报道模板，受到模板的限制，因此报道内容的同质化现象较为严重。“巫山发布”微信公众号与巫山地方发展存在相得益彰的关系，它不仅是巫山当地经济社会发展的见证人，更是巫山当地发展的思想者、参与者和积极推动者。“巫山发布”的时政新闻报道大多以县领导活动、党政会议报道、巫山县委政府的重点工作，以及行政性新闻为主，这些内容重要性很强、信息多样繁杂、写作模式形式单一。下面笔者将从“巫山发布”的内容主题分析、新闻体裁分析、报道视角分析、评论互动分析几个方面进行一定分析。

表1　“巫山发布”2023年7—11月内60篇时政主题新闻抽样

序号	日期	新闻标题	体裁	原创刊发平台
1	7月9日	暑期三峡旅游火爆	报道	巫山发布
2	7月10日	“亲子游、研学游”火爆小三峡	报道	中新网
3	7月10日	赛马比拼：增进民生福祉小区改造	报道	巫山发布
4	7月14日	两坪：认养一棵树，感受丰收喜悦	图片	图说巫山
5	7月18日	两坪：庭院美化“颜值”提升	报道	巫山发布
6	7月19日	让下庄成为全国示范	报道	巫山发布
7	7月19日	巫山县人民政府防火禁火令	电讯	巫山发布
8	7月21日	巫山2000亩梨园开园迎采摘	报道	巫山发布
9	7月22日	付嘉康带队招商引资	报道	巫山发布
10	7月25日	巫山：迎峰度夏，全力保供电	报道	巫山发布
11	7月26日	抱龙镇：开展河流综合治理	报道	巫山发布
12	7月27日	向朝善：我在朝鲜守墓三年	专访	重庆日报
13	7月30日	这个夏天，来邓家共赴一场天然氧吧	报道	巫山发布

续表

14	8月2日	市委第一轮巡视	简报	风正巴渝
15	8月4日	巫山："小李子"成就"大产业"	报道	重庆新闻联播
16	8月6日	李季达烈士革命遗物回归故里	报道	巫山发布
17	8月15日	首个全国生态日，看美丽巫山	报道	巫山发布
18	8月19日	毛相林：一定把下庄的希望之路筑好	专访	人民网
19	8月20日	巫山"村BA"来了	报道	巫山发布
20	8月21日	上半年巫山税收收入增幅渝东北第一	报道	巫山发布
21	8月27日	深化"枫桥经验"巫山实践	报道	巫山发布
22	8月29日	晚熟脆李延长采摘期	报道	巫山发布
23	8月30日	邓家土家族乡：因"冷"而沸腾	报道	巫山报
24	8月31日	图解《重庆市反间谍工作条例》	图解	国家安全网
25	8月31日	市城管局来巫调研	报道	巫山发布
26	9月14日	吴懿淑：塑造"三品"教师	报道	巫山发布
27	9月15日	吴第灵：让每一个学生健康成长	专访	巫山发布
28	9月16日	错峰出行旅游迎来最佳时机	报道	巫山发布

续表

29	9月19日	巫山海事部门暖心守护“学生渡”	报道	巫山发布
30	9月29日	巫山：玩在家门口	报道	第一眼新闻
31	9月30日	重庆巫山：团圆过佳节阖家游三峡	报道	学习强国
32	10月9日	重庆最大光伏项目，巫山并网	报道	巫山发布
33	10月16日	“天坑村”里焕新颜	报道	华龙网
34	10月16日	重庆巫山：牢固地灾防治“安全堤”	报道	学习强国
35	10月20日	“196名村民在那场山崩地裂中一个都没少”	报道	中国妇女报
36	10月21日	巫峡两岸红叶渐红	报道	第一眼新闻
37	10月28日	向家兴：巫山人民的调解员	专访	巫山发布
38	10月29日	庙宇镇的稻草可以“变现”了	报道	巫山发布
39	10月29日	三峡危岩崩塌防治咨询会在巫山举行	报道	巫山发布
40	11月7日	全市记者来下庄 践行“四力”	报道	巫山发布
41	11月8日	7名老记者的下庄情怀	报道	巫山发布
42	11月15日	下庄大环线“圈”出好图景	报道	巫山发布
43	11月16日	又到满山红叶时	报道	巫山发布

续表

44	11月16日	时代需要《开山人》	报道	巫山发布
45	11月21日	当《开山人》再遇下庄村	评论	《重庆日报》
46	11月23日	谋项目抓招商 推动巫山高质量发展	报道	巫山发布
47	11月26日	巫山龙骨坡遗址考古发掘项目验收通过	报道	巫山发布
48	11月29日	以“开山人”精神助力强县富民之路	评论	华龙网
49	11月28日	官渡河畔话“德育”	报道	巫山发布
50	12月1日	重庆海关来巫调研	报道	巫山发布
51	12月1日	践行四下基层，县领导接访	报道	巫山发布
52	12月5日	《开山人》中的双向奔赴	评论	巫山发布
53	12月8日	巫山恋橙开园	报道	巫山发布
54	12月15日	为了“巫山人”，成为巫山人	评论	巫山发布
55	12月12日	巫山男子盗割市政电缆，拘	报道	巫山发布
56	12月20日	曹邦兴调研全县水利工作	报道	巫山发布
57	12月20日	县领导列席县气象局党组理论学习中心组学习	报道	巫山发布
58	12月23日	风雪中的“电力人”	报道	巫山发布

续表

59	12 月 28 日	喜报送上门光荣全家人	报道	巫山发布
60	12 月 28 日	巫山开展“扫黄打非”专项检查	报道	巫山发布

1. 内容主题分布

本案例将筛选的时政新闻报道内容主题类型分为：党政会议类、时政活动类、地方建设类、地方文旅类。以此 4 个维度来分析这 60 篇高阅读数的信息，具体数据分布如下：

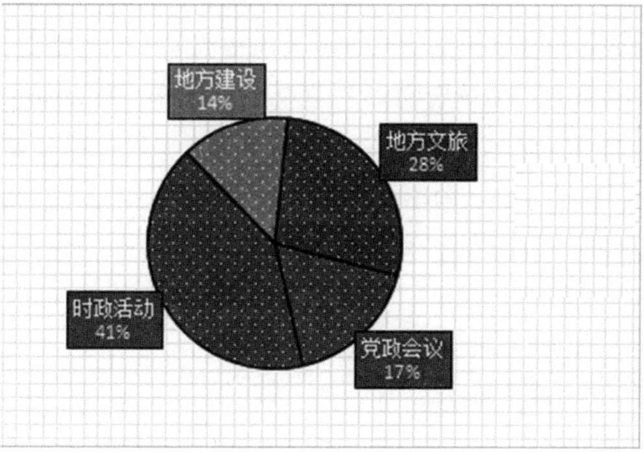

图 1　时政新闻主题分布（2023 年 7—11 月）

从图 1 中可以看出，“巫山发布”微信公众号中占比最大的主题是时政活动，占比 41%，其次是地方文旅占比 28%，最后是党政会议 17%，由此可见，“巫山发布”作为巫山县委县政府的喉舌，其微信公众号的推送内容首先以党政活动为主，并且以党的方针政策宣传为主，其次，由于巫山县是传统旅游城市，对文旅新闻的报道有一定侧重。对此，笔者利用毕业实习对“巫山发布”微信公众号运营者进行采访，受访者表示："从主题上，内容为政府重大通知决策，老百姓关心的'三农'问题，突发事件，县内民生等，总体上以时政主题新闻为主。"综合2023年7—11月时政主题新闻标题的60篇（附录）部分抽样，发现"巫山发布"微信公众号依托传统县级主流媒体本身的优势，及时为县域受众更深层地解读政策，引导着正确的舆论方向。

2. 新闻体裁分析

"巫山发布"的时政主题新闻报道在不同的方式下呈现出多种形式，其中包括新闻消息、分析评论、人物专访、案例报道等。同时这些不同形式的时政主题新闻报道共同构成了一个多维度、多角度的新闻信息世界，为读者提供了更全面、准确、深入的时政知识。本案例将信息主题测量指标分为新闻消息、分析评论、人物专访、案例报道，以此4种类型来分析这7—11月内60篇时政主题高阅读数的新闻信息，具体数据分布如下：

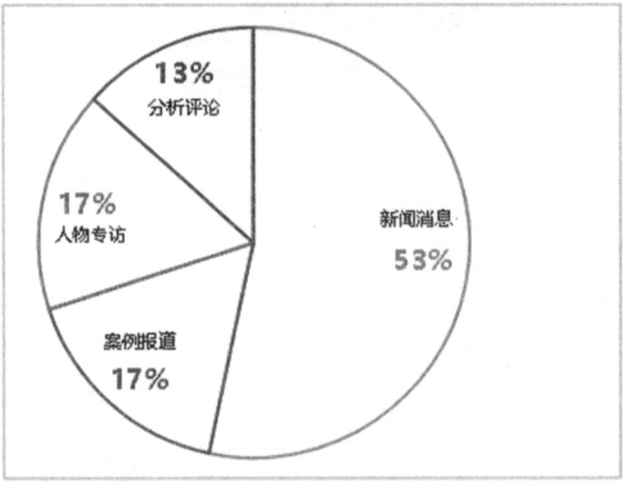

图2　新闻体裁分析

新闻消息占比最大，为53%。这是“巫山发布”时政主题新闻的基本形式，通过客观、准确地描述事件、事实和情况来传递信息。新闻人物专访占比17%。“巫山发布”时政新闻报道中，人物专访是通过与相关人士进行深入交流和采访来展示其观点、经历和见解的一种形式，如县委书记调研、市级领导调研。在此类新闻中，人物专访常常是对时政进行解读和评价的重要手段之一。通过人物专访，可使新闻读者更直观地了解到相关人士的思考方式、决策过程和行动动机。新闻分析评论占比12%。这是对时政主题新闻进行深入解读和评价的一种方式。在分析评论中，新闻评论员可以提供自己对事件或现象的独特见解，并通过举例、引用数据等方式支持自己的观点。案例报道占比6%，案例报道的定义在本案例就是指“巫山发布”将时政当中所经历的典型的富有多重意义的县域社会事件进行新闻阐述。如“感动重庆之巫山人物”“巫山好人”“巫山最美教师”等。

3. 报道视角分析

时政主题新闻报道视角，通常指的是对时政主题新闻报道角度的选择，是融媒体中心记者对新闻事实的切入点或理解角度。在“巫山发布”新闻实践中，对报道视角的理解往往会有所不同，常见的有：根据记者对受众地位的不同态度，可以分为俯视、仰视、斜视和平视；根据预设受众对象的不同，可以分为政府视角、专家视角（行业视角）、百姓视角（平民视角）三个角度。

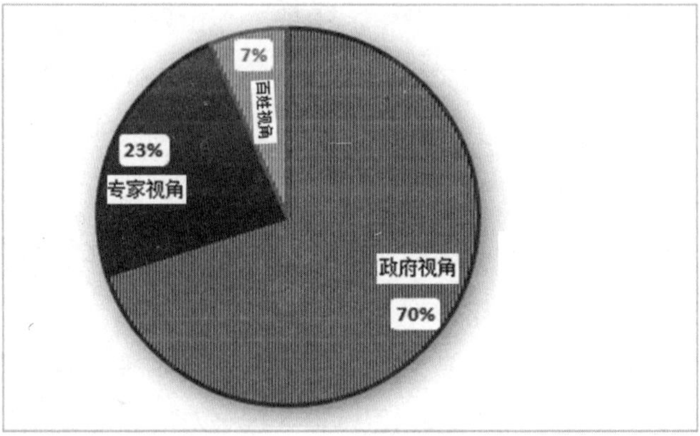

图3　报道视角分析

新闻报道视角中，政府视角占比最多，为70%，这是由“巫山发布”的党媒性质所决定的，通过新闻报道将政府的声音传达出去，其本身就是一种基层融媒体的使命。专家视角占比达23%，究其原因，是因为专家视角的新闻报道往往有着权威性和科学性，能在报道新闻的同时进行科学文化知识的科普。百姓视角占7%，符合中国新闻报道传统“三贴近”原则：贴近巫山县域实际、贴近巫山百姓生活、贴近巫山基层群众，这是讲好基层故事的报道必然性。

在“巫山发布”的新闻采编工作中，新闻视角的选择和运用并不是单一的，笔者的采编工作中更多是多种视角的综合运用，以求获得新闻报道的最佳效果。但无论如何，基层新闻价值都蕴含在新闻事实中，更需要切实践行“四力”要求，深入生活，善于观察，学会透过现象来揭示本质，以捕捉最佳新闻角度，创作出有深度、有力度，真正反映巫山县域特点的好新闻。

4. 评论互动量分析

用户评论量是对“巫山发布”微信公众号的一个可以公开衡量

和判断的标准，让微信号的运营人员把注意力从粉丝数转移到评论数和点赞数上，正好可以衡量公众号的真实传播效果，通过调查，发现评论区的数据还不算稳定，评论量也不大。除了受时间或季节性的新闻发布多少的影响，同时可以发现，短视频的评论量多于公众号的评论量，传播量和质上，因为“巫山发布”短视频制作也非常精良，内容生产某种程度上影响着媒体平台的用户评论量。

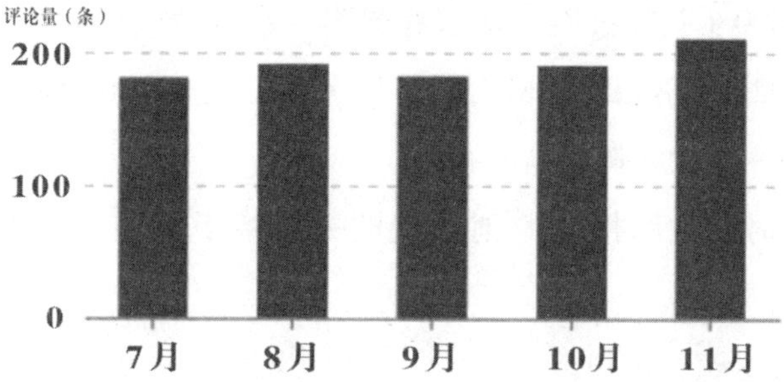

图4　2023 年 7—12 月用户评论量

从图4 可以得出，“巫山发布”2023 年7—12 月用户评论量呈稳中提升的态势，在 11 月达到峰值，评论量稳定在每月 200 条左右。由于“巫山发布”的时政主题报道在不同的方式下呈现出多种形式，同时这些不同形式的时政主题新闻报道共同构成了一个多维度、多角度的信息世界，为读者提供了更全面、准确、深入的时政知识。下表是附录中所抽样的高浏览量新闻。其实在微信公众号上传播，“巫山发布”编辑团队感到，生产环节中始终有“受众”参与。“巫山发布”微信公众号评论量稳定在每月 200 条上下，有一定稳定性，一定程度上受评论审核机制影响。优质有趣的用户评论会反向推动文案创作的进步，而同时，时政主题新闻报道的时效性和独特性也对新闻传播有一定影响，如表 2 所示：

表2 “巫山发布”高阅读量时政报道互动信息取样（2023年7—12月）

高阅读量时政新闻	采编时间	浏览量/次
众志成城，严阵以待——防洪救灾	7月6日	4494
曹邦兴：让下庄成为全国示范	7月19日	4588

两篇4000+新闻报道，其本身有着一定的时效性和独特性，分别发生于2023年巫山特大暴雨期间与《开山人》电影公映之前巫山县委书记的乡村振兴调研新闻报道。

（二）时政主题报道的创新策略——基于“巫山发布”案例分析的总结

1. 内容主题合理规范

“巫山发布”在时政主题报道中，为了保证新闻的质量和有效性，需要遵循一定的规范，首要原则是客观真实，即新闻的内容应该客观反映事实，不夸大、不缩小、不歪曲事实。巫山本地新闻在前期过程中应该采编丰富而准确的信息。从2023年7—11月时政主题新闻标题的25篇部分抽样表可以看出，在新闻标题的拟写过程中，总体上是合理规范的，新闻专业素养水平高，在内容生产上，新闻通讯类稿件常常字数在500~600字左右，错别字和文法错误很少出现。

2. 新闻栏目丰富多样

在“巫山发布”微信公众号中新闻文体体裁丰富多样，常见有信息、通讯、评论、新闻特写等。“巫山发布”开设新闻通讯栏目有：“走进百村看发展”“走进乡村看振兴”“融媒助农”；开设新闻评论栏目有：“巫峡观潮”“县两会之声”；开设舆论监督栏目有

“今日关注”“民意直通车”，新闻栏目并根据季节性的变化，栏目也时常创新。

例如“巫峡观潮”和“今日关注”两个品牌栏目，为近年的时政新闻报道创新：

“巫峡观潮”类似于“浙江宣传”与“重庆瞭望”，主要是刊发新闻评论文章，对县域重大事项、重大会议、重大活动进行评论，例如表现黄万波教授躬耕考古数十年的新闻评论《为了巫山人，成为“巫山人”》、表现《开山人》电影的新闻时评《当“开山人”再遇下庄村》等。

“今日关注”栏目用百姓视角做好新闻解读，节目紧扣与群众生产生活的关联点，新闻中涉及群众关心的社会时政问题，播出后，让全社会形成改革合力，推动问题解决和整改。“巫山发布”里《今日关注》栏目作品层出不穷，如《护航公路——融冰除雪保路畅通》《乡镇血透室，便民又暖心》《县工业园区：全力冲刺开门红》……巫山融媒体制作的这些作品，始终坚持着“用事实说话”的新闻栏目立场。

3. 报道形式呈现多媒体融合特点

“巫山发布”微信公众平台评论量常常稳定在29条/月左右，因为巫山融媒体和县委宣传部舆论审核机制的存在，评论大多数积极向上且符合社会主义核心价值观，形成了安定团结的舆论氛围。

“巫山发布”微信公众号在《巫山脆李开园“脆李专机”启航》的采写过程中，重视图文并茂，并且文字的体量上做到了合理得体，以小标题的形式进行时政报道专题新闻采写，在图片的配置中，既使用了可爱的脆李卡通形象又使用了航拍图、中景、近景等，在评论区里，微信用户留言也显示出积极的互动状态。

4. “巫山发布”微信公众号以交互式报道丰富用户情感体验

交互式报道常常指使用不同媒体形式对新闻主题进行新闻加工的一种方式。在2023年夏季巫山脆李开园中，其中“巫山发布”特色融媒体报道亮点很多，该报道在当天点击量突破5000，并且得到“重庆日报”等市级媒体转发。《巫山“脆李专机”起航》，该新闻报道以巫山特色水果脆李为主题，其本身就具有新闻的显著性，同时除此之外，类似的时政新闻也会通过短视频方式给人以一种甜蜜可口的视觉效果，使得“巫山发布”的本地时政报道更富有权威性和真实性，同时也不乏巫山地方乡土人情的温度，报道的说服力和感染力与常规的时政新闻播报相比要强上很多，进而丰富了用户的情感体验。

（三）县级融媒体时政主题报道的未来展望

1. 依托本土内容，提升引导力

“巫山发布”微信公众号需依托优质的本土信息服务工作，提升微信公众号对巫山当地新闻受众的吸引力。“巫山发布”微信公众号自开办以来，紧紧围绕重庆市委、市政府中心工作，保质保量完成规定时政新闻报道，并将巫山本土信息服务作为微信公众号中的核心内容。当然，作为县级融媒体时政类主题报道需要进一步在内容上深耕县域本土，以小切口新闻点来解读时政类新闻，通过采用新颖独特的报道形式和本土内容，不断丰富媒体产品，从而能够有依据地对融媒体公众号运营策略进行调整，提升引导力。

2. 报道视角平民化，满足新闻受众信息需求

“巫山发布”微信公众号在内容运作上以小切口新闻体现大主题，呈现出题材的多样化与涉及面的全面，文字的创新与采写温度为有益的尝试，例如在2023年10月30日，由笔者采写的《村里有

她，我们安然》，该时政类报道采写的是巫山县地灾防治员王安然，本章以小视角反映了三峡库区危岩地质整治中的群防群控力量。该时政报道由中国妇女报转载，在县内引起一定积极反响。

3. 带动更多的粉丝参与互动

新闻评论区的开放是了解受众传播需求的重要窗口，也是新媒体自信的重要表现，“巫山发布”微信公众号可通过引导传播受众开展留言、转发等方式，促使“巫山发布”微信公众号的粉丝群体展现出更高的活跃度，从而带动更多的县内外粉丝参与时政主题新闻报道的评论互动，实现“巫山发布”微信公众号热度的有效提升和时政主题新闻报道进一步升级。例如：“巫山发布”可以通过构建微信粉丝群、探索成熟的粉丝管理与互动机制，深耕巫山本土、挖掘新鲜作品，统筹部门资源和社会力量，多用接地气的巫山本土话语，增强新媒体传播的亲和力，进而有效引导受众阅览“巫山发布”微信公众号推送的时政主题新闻报道、参与评论与转发，进而带动更多粉丝参与互动。

二、系列报道《“赶考路”上再寻焦裕禄》的创作案例

（一）创意与策划过程

1. 本系列报道的构思与设计

本系列通过深度访谈《“赶考路”上再寻焦裕禄》系列报道编辑之一李启松，深入探讨了该系列报道创作路径。在访谈中，笔者得知主题构思源于两个因素的推动：结合总书记在新时代下提出要充分挖掘焦裕禄精神中蕴含的丰富内涵和时代价值，推动焦裕禄精神在新时代焕发光彩的时代背景，恰逢 2022 年 8 月 16 日是焦裕禄 100 周年诞辰纪念日。该系列报道以“焦裕禄精神”为核心，串联

整个重大主题报道的全过程。报道凸显在新时代下寻找“焦裕禄精神”的传承者，在新闻报道中通过叙事视角、叙事方法来展现新闻事实，凸显新闻价值。此外，报道通过社交媒体交互设计鼓励受众参与，运用多媒体技术，使内容更加生动、直观，提高受众的阅读兴趣和参与度。在该系列报道的主题上，既体现了人民干部热爱奉献的家国情怀，又引导了公共价值观和文化价值观的传承，选题具有以上两个方面的特色设计。

2. 内容创作的挑战与应对

《“赶考路”上再寻焦裕禄》系列报道在内容创作方面应对了多重挑战。

在纵向上，该系列报道的时空跨度较大。报道需要将焦裕禄的历史形象与当代社会的发展相结合，于是采写团队通过实地走访兰考县，瞻仰焦裕禄当年亲手种下的“焦桐”，走进展览馆了解焦裕禄的生平事迹；奔赴尉氏县——焦裕禄曾经工作的地方，结合尉氏县是国家粮食生产功能区的实际情况，报道其当今经济发展现状，展现焦裕禄精神在现代社会的传承和体现。

在横向上，全媒体环境下新闻信息的筛选和整合较困难。30 多家网络媒体组成了采访团队，在焦裕禄精神发源地开启了采访。采访团队通过建立严格的信息筛选机制，优先选择那些能够体现焦裕禄精神、具有代表性和影响力的信息，并通过逻辑清晰的结构整合报道内容。在后续的采访中，采访团队兵分两路，在河南省各县乡进行深入采访，同时奔赴外省进行采访报道。

随着新媒体技术的发展，如何利用新技术提升报道的质量和传播效率，也是内容创作需要考虑的问题。创作团队将焦裕禄的生平事迹通过漫画长图的方式打造了《焦裕禄：一棵泡桐映初心》系列漫画，吸引广大读者，特别是青少年读者的关注。报道用漫画长图的新方式，用生动的人物形象及鲜活的语言，展现焦裕禄同志当年带领人民群众战天斗地治理“三害”的感人事迹，体现了该系列报道的叙事创新及增强了其社会影响力。

（二）实施过程与效果呈现

1. 时间维度

长期以来，总书记高度重视学习和弘扬焦裕禄精神，多次发表重要讲话，焦裕禄精神被选入第一批公布的中国共产党人的精神谱系。2022 年是焦裕禄同志诞辰 100 周年，为了深入学习贯彻总书记对于学习焦裕禄精神的重要论述，发挥主流媒体的影响力，2022 年 4 月开始《“赶考路”上再寻焦裕禄》采访活动陆续启动，由大河网主办的一系列体裁报道也在线上线下同频发布。2022 年 8 月 15 日，由中央网信办指导，河南省委组织部、河南省委宣传部、河南省委网信办、河南日报社等单位主办的《“赶考路”上再寻焦裕禄》网络主题采访活动正式启动，这标志着该报道进入了一个新的高潮。2022 年 4 月 4 日到 8 月 20 日进行了为期 139 天的报道，报道通过多种媒介形式，包括视频、文字海报、漫画长图、通信等，全面展现了焦裕禄精神的时代价值，引起了广泛的社会关注和反响。

2. 空间维度

（1）报道采用了多地域采访的视角

通过在不同地区对焦裕禄精神的探索和报道，该系列报道突破了单一地域的限制，实现了空间上的广泛覆盖。采编团队在河南省各县乡进行分小组实地走访，先后奔赴焦裕禄兰考县、尉氏县追溯历史中的焦裕禄；同时采访团队奔赴外省，来到焦裕禄的出生地山东省淄博市博山区，探访焦裕禄纪念馆和故居，在江苏、辽宁、黑龙江等城市寻找焦裕禄生平留下的宝贵精神财富。这种多地域的报道策略不仅拓宽了受众的视野，也让焦裕禄精神的传播更为广泛和深入。

（2）报道在空间上实现了跨媒体的融合

利用电视、报纸、网络等多种媒介平台，报道实现了内容的多渠道传播。河南日报报社集团与“学习强国”河南学习平台联合打造了《跟着总书记学习焦裕禄》共20集，创作团队利用媒体平台增加了新闻的传播途径和速度。这种跨媒体的融合策略使得报道能够触及不同习惯和偏好的受众群体，增强了报道的覆盖面和影响力。报道在空间布局上注重深度与广度的结合。

（3）通过深入挖掘第一手资料，保证了内容的深度与广度

2022年4月1日，记者报道河南首家焦裕禄精神青年学校在河南开封科技传媒学院（以下简称科传学院）成立。共青团开封市委、兰考县委有关部门提供支持，河南日报报社集团进行指导。报道在空间传播上保持了连贯性和一致性。这种连贯性和一致性有助于构建起受众对报道的认同，增强了报道的权威性和影响力。

《“赶考路”上再寻焦裕禄》系列报道在空间维度上展现了多地域视角、跨媒体融合、深度与广度结合，以及连贯性和一致性等特点。李启松编辑谈及这些特点的共同作用，使得该系列报道在实施过程中形成了鲜明的空间特性，有效提升了报道的传播效果和社会影响力。

3. 作品呈现

本系列报道通过不同作品形态，包括通信、视频、漫画长图、文字长图等共计51篇，展现了焦裕禄精神的时代价值。据统计，2022年全网发布相关内容超过1万篇。主话题“赶考路上再寻焦裕

禄”登上微博全国要闻榜，主题宣传短视频被《人民日报》海外版、新华网、光明网、央视网等100多家媒体转发，全网主题传播总量超过1.5亿，引发网民广泛关注。网友“流苏”说：“焦裕禄精神像一盏明灯，艰苦奋斗、迎难而上，我们要做让人民满意的答卷人!”

表3　《“赶考路”上再寻焦裕禄》系列报道作品形态呈现统计

序号	体裁	数量	代表作
1	文字海报	1	—
2	文字图片海报	1	—
3	文字长图	1	好时节再读焦裕禄丨“焦裕禄精神”是一本永远读不完的书（3618字）
4	H5	1	—
5	专题	1	—
6	消息	1	—
7	长图	1	—
8	文字视频	2	—
9	文字图片视频	2	—
10	视频	4	新闻专题片丨我是一棵桐树苗（11分20秒）
11	通信	10	—
12	漫画长图	26	《焦裕禄：一棵泡桐映初心》系列漫画共计26集

数据来源：中国新闻奖《“赶考路”上再寻焦裕禄》系列报道参评作品

（三）系列报道《“赶考路”上再寻焦裕禄》的叙事策略分析

1. 分析策略与路径

为深入分析《“赶考路”上再寻焦裕禄》系列报道的叙事策略，研究采用了文本分析法和内容分析法，对51篇不同体裁的新闻报道进行了详细研究，其中包括文字海报、H5、视频、消息和通信等。在样本选择上，依据代表性和创新性原则，挑选出最具代表性的作品进行分析。

首先，通过内容分析法对新闻作品的叙事结构进行了梳理和分类，包括叙事流程和叙事技巧，从而识别新闻叙事中的共性和差异性，为深入分析该报道提供了基础。

其次，进行文本分析，深入解读视频旁白、访谈对话等文本元素。重点关注语言使用对叙事情感深度、典型人物特征传达的影响，以及对观众认知和情感反应的塑造。文本分析有助于理解报道如何通过精确语言表达增强叙事说服力和传播效果。

最后，结合内容分析和文本分析的结果，对案例进行了全面分析，关注叙事策略的选择、应用及其对受众认知的具体影响。案例分析从宏观和微观角度评估叙事策略的有效性，揭示报道在传播焦裕禄精神方面的成功经验和改进空间。

通过综合的分析方法，可以更全面地评估《“赶考路”上再寻焦裕禄》系列报道的叙事策略，深入了解报道的叙事特点，还能够为系列报道的实践提出针对性的优化建议提供基础。

2. 叙事结构与技巧

（1）故事线索与框架

该系列报道以新时代再寻“焦裕禄”为总纲，精选了一系列的事件、带出一个个鲜明的新闻报道。“研究焦裕禄信仰建立的过程，分析焦裕禄革命信仰建立的特点，具有重要的现实意义。”《“赶考路”上再寻焦裕禄》系列报道通过回顾焦裕禄事迹与当下融媒报道的展示，构建了跨时空的叙事框架。“新闻漫画是利用图像进行叙事的报道手段，是在事实基础上使用艺术手段对新闻事实进行的再现。”特别是融合创新形式的漫画长图：剧照版《焦裕禄》共26集，人物形象栩栩如生，语言鲜活真实。童雨菲（2022）曾提出：“从关联性、差异化、情感化、数据化四个维度对新时代重大主题报道的叙事能力进行探究，力图为业界提供可资借鉴的参考，让重大主题报道更加入脑入心。”借助文字海报、文字长图、H5、消息、文字视频、视频、通信、漫画长图等十二种体裁的新闻报道，奏出新时代特征的交响乐，多平台、多渠道线上线下共同展现了社会各界对焦裕禄精神的认同和追随，体现了焦裕禄精神的传承和时代价值。《“赶考路”上再寻焦裕禄》系列报道号召人们在新时代继续学习和传承焦裕禄精神，为实现中华民族伟大复兴的中国梦提供正能量，为迎接党的二十大胜利召开营造了良好的氛围。

（2）叙事视角与方式

《“赶考路”上再寻焦裕禄》系列报道采用了丰富的叙事视角与方式，以增强报道的深度和广度，以下是对这一系列报道叙事视角与方式的分析：

第一人称视角的运用。报道通过第一人称视角，即记者的直接观察和描述，为读者提供了一种身临其境的体验。这种视角虽然带有主观性，但也增加了报道的亲切感和可信度。例如，文字长图代表作《好时节再读焦裕禄丨“焦裕禄精神”是一本永远读不完的书》，记者通过搜索“焦裕禄”并发现相关儿童文学作品，以第一人称视角，让广大读者了解到读这本图书的价值和意义，表面上是推荐好书，实际上是弘扬焦裕禄精神，给青年读者传递要热爱劳动的良好思想。

第三人称视角的引入。当记者无法直接观察事件时，通过第三人称视角，即他人叙述，来构建报道。在本系列报道新闻专题片《我是一棵桐树苗》中，通过基层干部的叙述，拉近了与观众的距离，增加了新闻的真实度和可信度。59年前，焦裕禄在兰考种下桐树苗，象征性地播下了热爱和擅长劳动的思想。如今，焦裕禄精神仍激励人心。59年后，河南的“桐树苗”干部们被派往基层，以吃苦耐劳著称，成为服务人民的“墩苗”。专题片记录了其中三位干部的成长，展现了焦裕禄精神如何持续引导青年干部坚定前行。

平易近人的故事化叙述方式，体现情感叙事与理性报道相结合。例如《“赶考路”上再寻焦裕禄丨从“追光者”到“成为光”》一文中，郭天财从事教学和小麦科研工作的党员，在采访中对记者说：“其实，我是受益者，是河南8000多万亩小麦的生产面积给我提供了一个施展才华、报效祖国的舞台。不要拔高我，我就是一个普通的种地人。”报道中的故事化叙述方式，如郭天财的访谈，通过接地气的语言和情感表达，拉近了新闻与受众之间的距离，同时保持了报道的理性和深度。

全面动人的多角度叙述方式，增强了叙事的真实性和可信度。例如该报道中文字图片海报“好时节为什么重读焦裕禄？听这场读书会上青年们怎么说?”，五位读者分别为大家介绍了一本有关焦裕禄的图书，并且分享了自己印象最深的一段故事。通过不同读者的分享，报道展现了焦裕禄精神的多面性，这种多角度的叙述不仅增强了报道的真实性，也使得焦裕禄的形象更加立体和全面。在新时代下我们也要发扬光大焦裕禄精神，从社会层面上要传递一种积极向上的社会价值观，在文化传承角度上要使焦裕禄精神在新时代焕发光彩。

3. 媒介融合与技术应用

（1）多媒体元素的运用

《“赶考路”上再寻焦裕禄》系列报道在叙事策略上运用了丰富的多媒体元素，以增强报道的吸引力和影响力。以下是对这一系列报道中多媒体元素运用的分析：

图文结合：报道中结合了文字描述和图片，如在尉氏焦裕禄事迹展览馆的报道中，不仅有关于焦裕禄事迹的详细文字描述，还通过图片展示了展览馆内的场景复原以及焦裕禄在尉氏任县委书记处书记时的办公室旧址，使读者能够更直观地感受到历史现场。

视频采访：报道中也包含了视频元素，例如该系列报道的新闻专题片《我是一棵桐树苗》，通过视频可以展现现场的氛围和受访者“墩苗”干部与基层民众的情感表达，借助他们的声音传达对焦裕禄精神的理解和感悟，有利于增强报道的感染力和新闻的真实性。

网络媒体传播：报道利用了人民网、新华网、央视网等中央重点新闻网站以及地方新闻网站和商业媒体平台，通过图文报道、在线直播、社交媒体互动等多种渠道，扩大了焦裕禄精神的影响力。2022 年全网发布相关内容超 1 万篇。主题宣传短视频被《人民日报》海外版、新华网、光明网、央视网等 100 多家媒体转发，引发网民广泛关注。

这些多媒体元素的运用，使得《“赶考路”上再寻焦裕禄》系列报道不仅丰富了报道的形式，也使得叙事更加立体和饱满，有效地传播了焦裕禄精神，并激发了公众对焦裕禄精神的共鸣和学习热情。同时，多媒体元素丰富了报道内容的深度与广度，强化了教育启发功能，并使媒体机构能够适应数字化趋势，维持其传播力和竞争力。

（2）互动性设计与实现

《“赶考路”上再寻焦裕禄》系列报道在叙事策略上采用了多种互动性设计，以增强受众的参与感和体验感。以下是对报道中互动性设计与实现的分析：

①社交媒体交互设计

利用微博、微信等社交媒体平台，鼓励受众分享自己对焦裕禄精神的理解和感悟，增加了受众的参与度。主话题“赶考路上再寻焦裕禄”登上微博全国要闻榜，主题活动在微信公众号、头条客户端、大象新闻等多端口转发，全网主题传播总量超过 1.5 亿，引发网民广泛关注。

②互动式融媒体产品

如推出纪录片《永恒的印记》、电影《焦裕禄》精彩瞬间赏析、大型豫剧《焦裕禄》在郑上演等融媒体产品，通过视频、音频和动画等多种形式，增强了报道的吸引力和传播效果，受众可以通过点击了解焦裕禄生平的重要事件和贡献。通过数字化手段，让读者可以在线浏览和互动体验与焦裕禄相关的珍贵历史文献和照片。

③文化专栏交互设计

通过专栏文章讲述焦裕禄的历史故事，同时寻找新时代社会中“焦裕禄精神”传承者，分享他们如何在生活中践行焦裕禄精神的故事，然后选择优秀稿件在专栏中发表。鼓励读者分享自己对焦裕禄精神的理解和个人经历，增加读者的参与感。

这些交互设计的运用，显著提升了报道中叙事的参与性、传播效率和情感共鸣。不仅拓宽了报道的覆盖范围，还增强了信息的吸引力和教育意义。互动体验加深了受众对报道内容的记忆，提高了留存度。这些策略共同作用，不仅丰富了报道的深度和广度，也为新闻叙事提供了创新的可能性，展现了新闻传播在互动时代的巨大潜力。

三、美国融媒发展案例：纽约时报——融合创新与付费墙模式

（一）美国融媒发展模式分析

美国最早的媒体融合试验成果是“坦帕新闻中心”。2000 年 3 月美国媒介综合集团（Media General）成立“坦帕新闻中心”，将旗下的报纸、网站和电视台安置在同一座传媒大厦中。各家媒体员工、办公区域和运作机制保持独立的前提下，该集团在大厦中设立了新闻编辑部进行统一指挥和协调，在报纸、网站、电视台之间实行资源共享，互相配合进行新闻的采集、写作和共享，不仅大大降低了新闻生产的成本，更优化了报道效果和时效性。在“坦帕新闻中心”这一媒体融合范例的带动下，美国涌现了更多的媒体融合模式。

新元智库认为，整体上来看，美国媒体融合主要有以下几种模式：

1. 技术驱动的内容融合

美国各大媒体积极利用传播新科技，深入挖掘用户需求，对新闻内容进行深度加工和价值延伸。《华尔街日报》《芝加哥论坛报》等通过大数据挖掘和分析技术，实现了报网联动，增强了用户黏性。《芝加哥论坛报》《纽约时报》《洛杉矶时报》等利用可视化的数据新闻，创新移动媒体的内容呈现方式，优化了用户体验。

2. 需求导向的生产方式融合

美国不少传统媒体以移动互联用户的需求为导向，提供全方位、

立体化的实时新闻信息，争做“24 小时全天候运转”的新型媒体。CNN、《芝加哥论坛报》、《今日美国》等均实现了 24 小时新闻直播或滚动实时新闻报道，并根据用户阅读习惯有效地安排了新闻内容发布时间，同时，还通过培训将记者打造成拥有多种新媒体技能的全媒体人才。

3. 生存危机下的组织机构融合

新媒体时代，传播方式和渠道的多样化撼动了媒体的传统盈利模式，为适应外部市场环境的变化，传统媒体纷纷调整自身组织机构以更好地服务用户。《今日美国》、《纽约时报》、《华盛顿邮报》、CNN 等为代表的传统媒体进行了内部重组和整合，专门建立了全媒体融合编辑部或采编系统，进行跨平台采编协作，以实现内容生产优势和传播效果的最大化。

4. 市场趋势下的传播平台融合

越来越多的数字阅读受众流向新闻网站以外的渠道，新闻供应商正在跟进其转移动向。为了接触更广泛的受众，2007 年开始，CNN 与 YouTube、Twitter、Facebook 等成熟社交网站合作，进行新闻直播等与用户互动；NBC、CBS 与 Twitter 进行了互利共赢的合作；NBC 环球与 Vox Media、BuzzFeed 等新媒体建立了合作关系。

（二）美国融媒发展案例：《纽约时报》——融合创新与付费墙模式

下文仅以美国媒体融合过程中开创了付费墙模式的《纽约时报》为例，做具体的案例分析。《纽约时报》为美国纽约时报公司的旗舰产品，原为创刊于 1851 年 9 月 18 日的《纽约每日时报》，1857 年 9 月 14 日改用现名。纽约时报是一份在纽约出版的日报，在全世界发行，有相当的影响力，是美国高级报纸严肃刊物的代表，长期以来拥有良好的公信力和权威性。因其风格古典严肃，也被戏称为“灰色女士”或简称为时报。截至2016年纽约时报已经获得过119次普利策奖。

1. 纽约时报公司的融合创新战略

纽约时报的媒介融合探索之路，以1995年建立报纸、广播、杂志业务各自的在线传播平台为起点。其本质是报业公司不断进行内部创新的过程，包括：（1）斥巨资采用新技术，来改革管理方式和内容生产方式，为多媒体融合提供完备的硬件设施；（2）优化网络内容收费策略，从倡导到实施，再到创新的重新定义组合，完成了新的网站收费制度，使其成为业界借鉴的榜样。

具体地，纽约时报公司的媒介融合大致经历了三次战略调整。1995年，纽约时报公司在高层的领导下开启了新媒体转型。1995—2000年，公司实行全媒体路线，处于整体经营稳定上升阶段；先后建立了30多个不同类型的网站，在报纸、杂志、电视、广播及互联网等各主流媒体领域实行独立运营、发展，形成了全媒体、多平台、多产业布局，达到了经营巅峰。到1998年，NYTimes. com和Boston. com已经成为美国报业公司中最优秀的新闻网站和地区门户网站。

2000年开始，传统报业市场受到新型数字媒体的冲击，纽约时报公司业绩下滑，陷入了运营困境，新一轮的业务战略调整拉开帷幕。时报公司针对网络业务，将各种传统媒体下的网站单独剥离，实行单独采编、独立核算和经营；针对各业务的市场地位和成长力问题，在报纸业务方面，采取增收和节支双管齐下的策略，巩固报纸业务的核心地位；清理亏损的杂志业务，将其资源转移到报纸和新兴的网络业务中。此次调整使得网络业务摆脱了传统媒体的思维方式，运营情况明显改善，网站流量迅速增加，数字业务收入大幅增长，并于2002年开始盈利。2003年，NYTimes. com当选为最佳报纸网络版，boston. com则成为全美访问量最大的地区性网站。

2004年，纽约时报公司再次开展业务收缩战略调整，以新闻和广播为核心业务，进行报网组合，推动核心业务基于网络平台的多媒体转型；相继售出电视、广播等非核心业务，专注于报纸业务。2005年，纽约时报公司收购了About. com等一系列综合信息服务网络平台，开始从“媒体公司”向“内容提供者”转型。这次调整取得了良好的效果。报网互动强化了新闻网站的优势，《纽约时报》网络版在2004年和2005年连续两年被评为全美最佳报纸网络版。2012年，纽约时报集团售出旗下16家地方报纸和网站。2013年8月，纽约时报集团以7000万美元售出旗下购入价为11亿美元的《波士顿环球报》及新英格兰媒体资产。同年10月，纽约时报集团将旗下《国际先驱论坛报》更名为《国际纽约时报》，以强化其核心资产——《纽约时报》的全球品牌效应。发展至此，纽约时报集团成为只拥有《纽约时报》的报业集团。

2.《纽约时报》网络版发展及付费墙的演进

作为全美最具影响力的报纸之一，《纽约时报》时刻把握传媒业发展的脉搏，行走在媒体融合的最前沿。1996年1月，《纽约时报》搭乘网络快车，建立了报纸网站。但此时的《纽约时报》网络版没有独立的编辑和运营，只是纸质版的内容搬迁，尚属于融而不合。1999年，面对数字新媒体的冲击，纽约时报公司重新定位网络业务，将旗下所有网络业务合并，组建了独立运作的新公司——数字时报公司（New York Times Digital，NYTD），网络业务得以独立编辑与运营。2005年，纽约时报公司再次进行重组，将报纸编辑部和网络编辑部整合，在新闻采集、内容生产、多平台建设方面建立了紧密的协同机制。

至此，纽约时报公司基本实现了运营、采编及管理的统一，实现了多部门之间的优化重组。2008 年和 2010 年《纽约时报》先后推出了 iPhone 以及 iPad 版本，在平板和电子阅读器上相继推出了应用或订阅服务。2014 年 1 月，《纽约时报》网站版（Nytimes. com）完成第五次改版，2014 年 4 月，纽约时报集团推出 NYTNow，将数字业务拓展至移动端。发展至今，纽约时报集团形成了《纽约时报》纸质版、《纽约时报》网站（Nytimes. com）以及移动客户端等多种传播形式，力争实现全媒体覆盖。

《纽约时报》1996 年就设立了网络版报纸，但直到 2002 年初才正式推出电子报，尝试对网络内容收费。2011 年 3 月，《纽约时报》启动新“付费墙”模式后，数字发行量迅速增长，2012 年总发行收入超过广告收入。《纽约时报》“付费墙”模式的成功，引来美国报业同行的争相效仿。2013 年皮尤研究报告显示，在所调查的 1380 家美国日报中，已有 450 家采用了付费墙。经过 5 年的经营，《纽约时报》数字付费订户已经远超过纸质版订阅户。

第二节　融媒体新闻报道的创新策略分析

一、技术创新推动内容多样化

（一）利用大数据分析用户偏好

1. 精准推送个性化新闻服务

在融媒体环境中，大数据技术的应用为新闻机构提供了前所未有的机会来理解和服务其受众。通过收集和分析用户的行为数据，包括浏览历史、互动模式以及社交网络上的活动，媒体可以构建详细的用户画像，从而实现高度个性化的新闻推荐。这种基于数据的精准推送不仅仅提高了用户的参与度和满意度，还增强了他们对特定媒体平台的依赖性和忠诚度。当新闻内容能够紧密贴合个人兴趣时，它更容易引起共鸣，并激发更深层次的互动，如评论、分享等行为，进而形成一个活跃的社区环境。此外，实时数据分析使得媒体能够在事件发生的瞬间识别出潜在的趋势和热点话题，快速响应并提供相关报道，确保信息的时效性。对于新闻机构而言，这意味着可以从庞大的信息流中筛选出最符合用户需求的内容，同时优化资源分配，提高工作效率。随着机器学习算法的进步，个性化服务将更加智能化，预测模型可以提前感知用户的偏好变化，主动调整推荐策略，保持新鲜感和吸引力。

2. 数据驱动的故事叙述方式

数据驱动的故事叙述是融媒体新闻报道创新的一个重要方面，它通过整合定量分析与定性内容，创造出既具说服力又引人入胜的叙事体验。在这个过程中，记者不再局限于传统的文本写作，而是借助可视化工具和技术，将复杂的数据转化为直观易懂的信息图表、动态地图或交互式演示文稿等形式，使读者能够从多个角度理解和探讨问题。这种方法不仅增加了故事的深度和广度，也提升了用户的参与感和沉浸感。例如，在报道经济趋势或社会现象时，结合官方统计数据和社会调查结果，可以揭示背后隐藏的规律和发展脉络，帮助公众建立全面的认知框架。同时，数据驱动的故事叙述还可以促进跨学科的合作，如经济学、统计学、计算机科学等领域专家共同参与到新闻制作中，为解释复杂议题提供多视角的支持。这不仅丰富了内容的专业性和权威性，也为解决实际问题提出了建设性的意见。最终，这种方式有助于提升融媒体新闻的价值和影响力，使其成为连接公众与现实世界的桥梁，引导人们更好地应对瞬息万变的社会环境。

（二）虚拟现实和增强现实的应用

1. 创造沉浸式的新闻体验

在融媒体背景下，虚拟现实和增强现实技术的应用为新闻报道带来了革命性的变革。通过 VR 和 AR 技术，新闻内容的生产者能够构建一个全方位、立体化的新闻场景，使受众在观看新闻时仿佛置身于现场，体验到前所未有的沉浸感。这种沉浸式的新闻体验，不仅极大地提升了新闻的吸引力，还使受众在情感上与新闻事件产生共鸣。在这个过程中，新闻不再是冰冷的文字和图片，而是一个生动、立体的故事，让受众在感受新闻事件的同时，也能深刻理解其背后的社会价值和意义。

2. 提升复杂信息的理解度

虚拟现实和增强现实技术在新闻报道中的应用，不仅体现在创造沉浸式的新闻体验上，还在于其能够有效提升复杂信息的理解度。在传统的新闻报道中，对于一些抽象、复杂的数据和信息，受众往往难以理解。而通过 VR 和 AR 技术，可以将这些数据和信息以直观、生动的方式呈现出来，使受众在短时间内便能把握新闻的核心内容。例如，在报道经济数据时，可以利用 AR 技术将数据图表与现实场景相结合，让受众在现实环境中直观地感受到数据的变化。这种创新性的表达方式，不仅降低了受众理解复杂信息的门槛，还提高了新闻报道的传播效果，进一步增强了新闻媒体的核心竞争力。

二、内容创新满足多元需求

（一）多媒体融合丰富表达形式

1. 视频、音频元素的结合使用

融媒体新闻报道中，视频和音频元素的有机结合为内容创新提供了广阔空间。这种多媒体融合不仅丰富了信息表达的形式，而且增强了用户体验的层次感和沉浸感。通过将视觉与听觉信息相结合，媒体可以更全面地讲述故事，使复杂的信息变得更加直观易懂。例如，在报道重大事件或专题时，视频能够提供现场实况、人物访谈等生动素材，而背景音乐或解说词则能加深情感共鸣，引导观众的情绪走向。此外，对于一些技术性较强或者抽象概念较多的主题，如科技发展、经济趋势分析等，适当插入专家讲解的音频片段，可以有效弥补文字说明的不足，帮助受众更好地理解核心要点。同时，随着移动设备的普及和技术进步，用户可以在不同场景下选择最适宜的方式获取新闻——在忙碌时快速浏览短视频概览，在闲暇时深入聆听深度解析的播客。这样的灵活性满足了现代人碎片化时间管理和个性化需求的特点，同时也促进了信息的有效传递。值得注意的是，为了确保视频和音频元素的最佳呈现效果，编辑团队需要精心策划内容结构，合理安排剪辑节奏，并注重音画同步及质量控制，从而打造具有吸引力且易于分享的高质量融媒体产品。

2. 图表、动画等视觉辅助材料

在融媒体新闻报道中，图表和动画作为重要的视觉辅助材料，对提升信息传达效率和增强阅读体验起到了不可或缺的作用。这些工具通过图形化的展示方式简化复杂的统计数据或流程描述，使得原本枯燥的数据变得形象具体，便于读者快速抓住关键点。特别是在涉及经济指标、社会调查结果等领域时，一张设计精良的图表往往比冗长的文字解释更加直观有力。动画的应用则进一步拓展了这一优势，它不仅可以用来动态演示变化过程，如城市发展规划的时间轴演变，还可以创建虚拟场景重现历史事件或科学原理，为受众提供身临其境的学习体验。更重要的是，随着互动技术的发展，用户现在可以通过点击、拖拽等方式参与到内容探索中，增加了参与度和趣味性。对于新闻机构而言，制作此类视觉内容要求具备跨学科的知识背景，包括但不限于数据可视化理论、用户体验设计原则以及编程技能等。只有当所有这些元素被巧妙整合进一个连贯的故事叙述框架内，才能真正实现多媒体融合的优势最大化，让每一个细节都服务于整体传播目标，最终达到吸引并教育公众的目的。

（二）专题报道的深度挖掘

1. 深入剖析社会热点话题

在融媒体时代，新闻报道的内容创新体现在对专题报道的深度挖掘上，尤其是对社会热点话题的深入剖析。这种剖析不仅停留在事件表面，而是通过多角度、多层次的调查与解读，揭示事件背后的深层原因、发展趋势及其社会影响。通过对热点话题的深度报道，新闻媒体能够满足受众对信息深度和广度的需求，提升新闻报道的权威性和影响力。在这一过程中，记者和编辑团队需运用专业知识、丰富经验和创新思维，结合大数据分析、专家访谈等多种手段，对热点话题进行全方位、立体化的解读，从而为受众提供有深度、有见地的新闻内容，增强新闻的传播力和引导力。

2. 长篇系列报道的策划与实施

长篇系列报道作为融媒体新闻报道内容创新的重要形式，其策划与实施体现了新闻媒体对深度报道的重视和投入。长篇系列报道通过连续性的报道，对某一主题进行深入挖掘，形成完整的报道体系，从而满足受众对复杂事件全面了解的需求。在策划阶段，新闻团队需围绕选题进行周密的调研，明确报道目标、内容框架和表现手法。在实施过程中，团队须克服诸多困难，如素材收集、采访协调、稿件撰写等，确保报道的连续性和深度。长篇系列报道的成功实施，不仅展现了新闻媒体的专业素养和创新能力，还进一步提升了新闻报道的内涵和价值，为融媒体背景下的新闻报道创新提供了有力支撑。

第三节　融媒体新闻报道的挑战与应对

一、技术层面的挑战

（一）网络安全与数据保护

1. 加强信息技术安全措施

融媒体新闻报道依赖于互联网和各种数字技术，这使得网络安全成为不容忽视的关键问题。媒体机构必须采取一系列强有力的信息技术安全措施，以确保其平台和系统的稳定运行以及数据的完整性。在构建安全框架时，重点在于建立多层次防护体系，包括但不限于防火墙配置、入侵检测系统部署以及加密技术的应用。防火墙能够有效阻挡未经授权的外部访问，而入侵检测系统则可以实时监控网络流量，及时发现并响应潜在威胁。对于传输中的数据，采用先进的加密算法进行保护，防止信息在中途被截获或篡改。此外，定期的安全审计和技术更新也是不可或缺的一部分，它们有助于识别新的漏洞并迅速修补，保持系统的最新状态。为了应对内部风险，员工也需要接受严格的安全意识培训，了解如何正确处理敏感资料，并遵守公司制定的安全政策。通过实施这些综合性的安全策略，融媒体新闻机构不仅能够保护自身免受网络攻击的影响，还能增强用户对平台的信任感，为高质量内容的传播提供有力保障。

2. 应对网络攻击和隐私泄露风险

在融媒体环境下，网络攻击和隐私泄露构成了严重的挑战，影响着媒体机构及其受众的利益。随着数字化进程的加速，黑客攻击手段日益复杂多变，从 DDoS（分布式拒绝服务）攻击到恶意软件植入，每一种都可能破坏网站正常运作，甚至导致重要数据丢失。同时，个人隐私泄露事件频发，给公众带来了极大的不安。为此，媒体组织需要构建一套完善的应急响应机制来快速有效地应对突发事件。这一机制涵盖事前预防、事中处置和事后恢复三个阶段。在预防方面，强化系统监测能力，提前识别异常行为模式，减少攻击成功的可能性；而在攻击发生时，则要立即启动应急预案，隔离受影响区域，限制损害范围扩大，并尽快恢复正常服务。针对隐私保护，媒体应遵循严格的法律法规要求，如《通用数据保护条例》（GDPR），明确告知用户数据收集的目的、方式及使用范围，同时赋予他们更多控制权，比如同意撤回等权利。通过透明化操作流程，媒体可以在满足业务需求的同时，最大限度地降低隐私泄露的风险，维护良好的公众形象和社会责任感。

（二）技术更新换代的压力

1. 持续跟进最新科技趋势

在融媒体快速发展的背景下，新闻报道面临着技术更新换代的巨大压力。为了保持竞争力，新闻机构必须持续跟进最新的科技趋势，不断探索和应用新兴技术。这要求新闻从业者具备敏锐的技术洞察力，能够快速识别并掌握那些能够提升新闻报道质量的技术，如人工智能、大数据分析、云计算等。然而，这种持续的技术跟进并非易事，它需要新闻机构建立一套高效的技术监测和评估体系，以及相应的决策和实施机制。此外，新闻机构还需加强与科技企业的合作，通过资源共享和联合研发，实现技术的快速迭代和应用，确保新闻报道在技术层面的领先地位。

2. 技术人才的培养与引进

面对技术更新换代的挑战，新闻机构不仅要持续跟进科技趋势，还需重视技术人才的培养与引进。技术人才是推动新闻报道创新的关键因素，他们不仅需要具备扎实的专业技术能力，还应理解新闻传播的规律和媒体运营的实际情况。因此，新闻机构应制订系统的人才培养计划，通过内部培训、外部交流和项目实践等方式，提升现有员工的技术水平。同时，新闻机构还应积极引进具有创新精神和实战经验的技术人才，通过他们的专业知识和技能，加速新闻机构的技术创新进程。另外，建立激励机制和良好的职业发展路径，以留住和吸引更多优秀技术人才，是新闻机构应对技术挑战、实现长远发展的关键所在。

二、内容质量的保持

（一）确保信息准确性和客观性

1. 建立严格的编辑审核制度

在融媒体环境下，确保新闻报道的信息准确性和客观性是维护媒体公信力的关键。严格的编辑审核制度为实现这一目标提供了坚实的保障。该制度不仅涵盖了内容的准确性检查，还包括对信息来源、事实依据以及逻辑连贯性的全面评估。编辑团队需要具备高度的专业素养和敏锐度，能够识别并纠正潜在的错误或误导性陈述。对于每一篇即将发布的稿件，编辑人员应进行多轮审查，从初稿到终稿的每个阶段都严格把控质量关。这包括核实数据的真实性和时效性，确认引用资料的权威性和可靠性，以及确保报道角度的公正无偏。此外，跨部门协作也是审核过程中的重要环节，不同专业背景的成员共同参与可以提供更广泛的视角和更深入的分析。技术手段的应用同样不可或缺，利用人工智能辅助工具可以帮助快速检测文本中可能存在的问题，如语法错误、抄袭现象或是与其他已知事实不符之处。同时，建立反馈机制以收集读者的意见和建议，及时调整和完善报道内容。通过持续优化审核流程，融媒体平台能够在信息爆炸的时代背景下，坚守新闻业的核心价值，为受众提供值得信赖的高质量内容，从而巩固自身的市场地位和社会影响力。

2. 对抗虚假信息和谣言传播

对抗虚假信息和谣言传播是融媒体新闻报道面临的重大挑战之一。为了有效遏制这一趋势，媒体机构必须采取一系列综合措施来保护信息环境的纯净与安全。构建一个快速反应系统至关重要，它允许编辑团队迅速识别并回应网络上出现的不实言论。这需要依靠先进的监测技术和算法模型，实时跟踪社交平台上的动态，一旦发现可疑内容立即启动调查程序。与此同时，培养公众的媒介素养也是减少谣言扩散的有效途径。通过开展教育活动和宣传活动，提高人们对假新闻的辨识能力，鼓励他们成为负责任的信息消费者。媒体自身也应承担起更多的社会责任，主动发布澄清声明，用权威的声音压制谣言的声音。此外，加强与政府、学术界以及其他媒体的合作，形成多方联动的治理格局，有助于建立起更加完善的信息验证和辟谣机制。最后，法律框架的支持也不可或缺，制定明确的法规来界定虚假信息的标准，并规定相应的处罚措施，以此作为震慑力量。综上所述，通过技术创新、公众教育、行业合作和法治建设等多方面的努力，融媒体平台可以在复杂多变的信息环境中，有效地维护新闻的真实性，促进健康和谐的社会舆论氛围。

（二）维护新闻的专业性和权威性

1. 强化记者的职业道德教育

在融媒体环境下，新闻报道的内容质量面临着前所未有的挑战，其中维护新闻的专业性和权威性是关键所在。为了实现这一目标，新闻机构必须强化记者的职业道德教育，确保记者在报道过程中始终遵循真实性、客观性、公正性的原则。职业道德教育的强化不仅包括定期的培训课程，还应涵盖对新闻伦理的深入讨论、案例分析以及实战演练，从而在记者心中树立正确的新闻价值观。此外，新闻机构应建立一套完善的职业道德监督机制，对违反职业道德的行为进行及时纠正，以此来提升整个新闻行业的职业水准，保障新闻报道的质量和信誉。

2. 推动行业自律和规范建设

在维护新闻专业性和权威性的过程中，推动行业自律和规范建设起着至关重要的作用。行业自律是新闻机构自我约束、自我提升的表现，它要求新闻从业者自觉遵守行业规范，不断提升报道质量。为此，新闻行业需要制定一套全面、细致的行业规范，包括新闻采集、编辑、发布等各个环节的标准操作流程，以及应对突发事件的预案。同时，行业协会应发挥其作用，监督规范的实施，并对违规行为进行公开评议和惩戒。通过这些措施，可以有效地促进行业内健康的竞争环境，提升新闻报道的整体水平，从而在融媒体时代保持新闻内容的优质和专业性。

三、商业模式的探索

（一）广告收入的稳定获取

1. 开发多样化的广告产品

融媒体环境为新闻机构带来了前所未有的机遇与挑战，其中广告收入的稳定获取成为维持媒体可持续发展的关键因素之一。随着数字技术的进步和用户消费习惯的变化，传统的广告形式已经难以满足市场需求。为了适应新的传播生态并保持竞争力，新闻媒体必须不断创新，开发出多样化且富有创意的广告产品。这种创新不仅体现在广告内容的设计上，还包括投放方式和技术应用。例如，视频内嵌式广告、原生广告以及互动性广告等新型形式因其较高的用户体验度而受到品牌商青睐。视频内嵌广告能够在不影响观看体验的前提下自然融入内容之中，使得受众更容易接受；原生广告则通过将广告信息巧妙地与编辑内容相结合，达到不显突兀的效果；互动性广告利用增强现实（AR）、虚拟现实（VR）等前沿科技，提供沉浸式的品牌体验，吸引用户的深度参与。此外，社交媒体平台上的赞助内容、直播带货等形式也为广告主提供了更多元的选择。与此同时，新闻媒体还可以探索跨界合作模式，结合自身优势资源与其他行业联手推出联合营销方案，如文化娱乐产业的合作推广，或是与金融机构共同策划财经专题活动。这些举措不仅能增加广告收入来源，还能促进不同领域间的资源共享和互利共赢。

2. 构建精准营销服务体系

在融媒体时代，构建一个高效的精准营销服务体系对于确保广告收入的稳定性至关重要。这一服务体系的核心在于数据驱动，即通过对海量用户行为数据的收集、分析和挖掘，实现对目标受众的精确定位和个性化服务。借助先进的数据分析工具和技术平台，媒体机构可以深入了解用户的兴趣偏好、消费习惯以及社交网络关系，从而制定更加贴合实际需求的广告策略。精准营销还要求媒体具备强大的内容定制能力，根据不同细分市场的特点，量身打造符合其口味的内容产品，并以此为基础设计相应的广告方案。这不仅有助于提高广告的相关性和吸引力，还能增强用户的黏性和忠诚度。另外，建立多渠道整合的营销平台也是提升精准营销效果的重要手段。通过融合线上线下资源，形成全方位覆盖的传播网络，媒体可以在不同的接触点上持续影响潜在消费者，实现从认知到购买转化的有效引导。同时，实时反馈机制的引入让广告主能够及时评估投放效果，调整优化策略，确保每一次营销活动都能达到预期目的。最终，一个完善的精准营销服务体系不仅能为广告客户提供更优质的广告服务，也将为融媒体新闻报道的发展注入新的活力。

（二）非广告收入渠道的拓展

1. 探索付费订阅和增值服务

在融媒体时代，新闻报道的商业模式面临着重大转型，其中非广告收入渠道的拓展成为关键策略之一。探索付费订阅和增值服务是新闻机构实现收入多元化的有效途径。通过提供独家内容、深度报道、专业分析等高附加值的服务，新闻机构可以吸引那些愿意为高质量信息付费的受众。另外，个性化订阅服务可以根据用户的阅读习惯和偏好定制内容，提高用户的忠诚度和满意度。在这一过程中，新闻机构需要精准定位目标受众，合理设定订阅价格，并确保内容的质量和创新性，以建立稳定的付费用户群体。同时，建立健全的用户服务体系，提供优质的客户支持，也是确保付费订阅模式成功的重要因素。

2. 发展电商和其他合作项目

除了付费订阅，新闻机构还可以通过发展电商和其他合作项目来拓展非广告收入渠道。电商合作可以是直接销售商品，也可以是通过内容引导用户至合作伙伴的平台进行消费，从而获得佣金或分成。这种模式要求新闻机构具备良好的品牌影响力和用户信任度，能够在保持新闻专业性的同时，实现商业价值的最大化。另外，新闻机构可以与其他行业的企业进行跨界合作，如教育、旅游、文化等领域，通过内容共创、品牌联合推广等方式，实现资源共享和利益共赢。这种多元化合作模式不仅能够为新闻机构带来新的收入来源，还能增强其在市场竞争中的抗风险能力，为融媒体背景下的新闻报道提供更加坚实的经济基础。

第八章　融媒体新闻报道的版权与法律问题

第一节　融媒体环境下的版权保护问题

一、版权保护的基本概念与原则

（一）版权的概念

1. 版权的定义与历史发展

版权，作为知识产权的一个重要分支，在现代信息社会中扮演着不可或缺的角色。版权是指作者或其他合法权利人对文学、艺术和科学作品所享有的专有权利，它赋予了创作者对其原创作品的一系列排他性的控制权，包括复制、发行、出租、展览、表演、放映、广播或通过信息网络传播其作品的权利。随着人类文明的发展，版权的概念经历了从无到有、从简单到复杂的过程。早期的版权观念可以追溯到18世纪初的英国，当时颁布的《安娜女王法》被视为世界上第一部现代意义上的版权法，该法案旨在保护印刷书籍作者的权利，同时也为公众提供了获取知识的途径。自那时以来，版权制度在全球范围内逐渐建立和完善，各国纷纷制定本国的版权法律，国际上也形成了诸如《伯尔尼公约》等多边协议来协调不同国家之间的版权保护标准。随着时间推移，技术进步尤其是数字革命的发生，使得版权的内涵和外延不断扩展，不仅涵盖了传统的文字、音乐、美术作品，还延伸到了计算机软件、数据库以及多媒体内容等领域。在融媒体环境下，版权的重要性越发凸显，如何有效保护版权成为新闻媒体行业面临的一项重大挑战。

2. 版权与其他知识产权的区别

版权与其他形式的知识产权如专利权、商标权及商业秘密有着明显的区别，这些差异体现在保护对象、保护期限、获得方式等多个方面。专利权主要针对的是发明创造，即新技术或新产品的设计，要求具有新颖性、创造性和实用性，且需经过严格的审查程序才能获得授权；而版权则自动产生于作品创作完成之时，无须官方登记（尽管登记可以提供额外的证据支持），适用于表达思想、情感的艺术创作，而非思想本身。商标权保护的是用于区分商品或服务来源的标志，例如名称、图案或标识组合，它的核心在于防止市场混淆并维护品牌声誉；相比之下，版权并不关注作品是否在市场上用作商标使用，而是强调作品本身的原创性和独创性。商业秘密涉及企业内部未公开的信息，如配方、工艺流程等，只要保持保密状态就能持续受保护；但版权一旦公开发表的作品，即使被他人合理使用也不会侵犯版权人的权益。在融媒体环境中，由于新闻报道常常融合了多种类型的知识产权元素，因此明确各类知识产权的界限对于确保合法合规至关重要。正确理解版权与其他知识产权之间的关系，有助于新闻从业者在创作、编辑和发布过程中更好地遵循相关法律法规，避免潜在的侵权风险。

（二）融媒体中的版权主体

1. 创作者的权利

在融媒体环境下，版权保护的核心在于明确创作者的权利。创作者，作为新闻报道内容的原始生产者，享有对其作品的一系列专属权利，包括但不限于复制权、发行权、出租权、展览权、表演权、放映权、广播权、信息网络传播权等。这些权利是创作者智力劳动成果的体现，是其创作动力和创作自由的保障。在融媒体时代，由于信息传播渠道的多样化和传播速度的加快，创作者的权利更容易受到侵犯。因此，保护创作者的版权不仅是对其个人权益的尊重，也是维护整个融媒体生态健康发展的基础。这要求法律体系为创作者提供明确的权利界定和有效的保护措施，同时，创作者自身也应提高版权意识，积极采取技术手段和法律手段来维护自己的合法权益。

2. 平台运营方的责任

在融媒体传播链中，平台运营方扮演着至关重要的角色，其在版权保护方面的责任不可忽视。平台运营方不仅要为创作者提供一个公平、安全的内容发布环境，还应当承担起监管职责，防止侵权行为的发生。这包括对用户上传内容的审核，确保不侵犯他人的版权；对平台内传播的内容进行实时监控，一旦发现侵权行为，应及时采取措施予以制止；同时，平台运营方还应建立健全的版权投诉和处理机制，为版权纠纷提供快速、公正的解决方案。此外，平台运营方有责任教育和引导用户尊重版权，提升整个平台的版权保护意识。通过这些措施，平台运营方能够有效地平衡创作者的权益、用户的利益以及自身的法律责任，促进融媒体环境的良性循环。

二、融媒体环境对版权保护带来的挑战

（一）传播速度与范围的影响

1. 快速传播对版权管理的挑战

在融媒体环境中，快速传播对版权管理构成了前所未有的挑战。信息的即时性和广泛性使得新闻内容能够在瞬间触及全球范围内的受众。这种高效的信息流通一方面促进了新闻价值的最大化实现，另一方面也给版权保护带来了复杂的问题。在传统媒体时代，版权管理相对集中且流程较为固定，因为信息传播的速度和覆盖范围有限，版权侵权行为容易被发现和控制。然而，在融媒体背景下，数字技术的进步和互联网的发展打破了时间和空间的限制，新闻报道可以以光速跨越国界进行传播。这不仅增加了版权监控的难度，而且当侵权事件发生时，由于传播速度极快，侵权内容可能已经广泛扩散，造成难以估量的影响。此外，社交媒体平台的兴起进一步加剧了这一问题，用户生成内容模式下，每个人都可以成为信息的发布者，而这些发布者往往缺乏版权意识或忽视了版权规则，无意间就可能导致版权侵犯。因此，融媒体时代的版权管理需要更加智能化、动态化，必须能够实时追踪和应对快速变化的传播环境，同时也需要培养公众的版权意识，从源头上减少侵权行为的发生。

2. 跨平台传播的版权协调

随着新媒体技术的发展，信息不再局限于单一平台，而是可以在多个平台上自由流动。这种多平台交互的特点既丰富了用户的体验，也为版权保护提出了新的要求。不同的平台有着各自独立的运营模式、版权政策和技术标准，这就导致了在跨平台传播过程中，版权归属、使用权限和收益分配等问题变得异常复杂。例如，一篇

原创文章可能首先在新闻网站发布，随后被转载到微博、微信公众号等社交平台，甚至可能被改编成短视频在视频平台上分享。每一次的转载或改编都涉及版权的重新确认和授权，如果处理不当，就会引发版权纠纷。同时，各平台之间的数据接口不一致，也可能阻碍了有效的版权管理和监控。为了确保版权的有效保护，融媒体环境下需要建立统一的版权管理框架，加强不同平台之间的沟通与合作，制定出一套既能适应各平台特点又能保障版权人权益的通用规则。此外，还需要借助区块链等新兴技术，为版权登记、交易和追溯提供更可靠的技术支持，从而提高跨平台传播中的版权协调效率。

（二）新技术对版权保护的影响

1. 数字化与版权保护技术

融媒体环境的快速发展，特别是数字技术的广泛应用，对传统版权保护体系提出了新的挑战。数字化内容的易复制性和快速传播性使得版权保护变得更加困难。一方面，数字水印、加密技术等版权保护技术的应用在一定程度上能够防止未经授权的复制和分发，但这些技术并非完美无缺，面临着被破解的风险。另一方面，数字技术的普及也降低了侵权行为的门槛，使得个体用户也能轻易地复制和传播受版权保护的内容。因此，如何在保障用户便捷获取信息的同时，有效保护创作者的版权，成为融媒体环境下版权保护必须面对的问题。这要求法律和技术手段的结合，不断更新和完善版权保护技术，以适应数字化时代的发展需求。

2. 人工智能生成内容的版权归属

人工智能技术在融媒体新闻报道中的应用日益广泛，其所生成的内容版权归属问题成为版权保护的新难题。人工智能创作的内容，如新闻报道、数据分析报告等，是否具备版权属性，以及版权应归属于人工智能的开发者、使用者还是人工智能自身，目前在法律界尚无统一共识。此外，人工智能生成内容的过程可能涉及对已有版权作品的抓取和改编，如何界定这种行为的合法性，以及如何平衡原创者与人工智能利益相关者的权益，是当前版权法律体系需要深入探讨的问题。解决这些问题的关键在于明确人工智能在创作过程中的角色和地位，以及其在版权法律关系中的责任和义务，从而为人工智能生成内容的版权归属提供清晰的法律依据。

第二节　新闻报道中的隐私权与名誉权问题

一、隐私权在融媒体新闻中的体现

（一）个人信息保护的重要性

1. 法律框架内的个人信息使用规则

在融媒体环境中，随着数字化传播的迅猛发展和个人信息价值的不断提升，新闻媒体在报道过程中处理个人信息的行为受到了更为严格的法律监管。个人信息保护法规不仅确立了个人对其数据的基本权利，如访问权、更正权、删除权等，也对信息控制者和处理者的责任提出了明确要求。例如，《中华人民共和国网络安全法》及随后发布的《个人信息保护法》为中国境内的个人信息处理活动设定了基础性规则，规定了合法、正当、必要的原则，并强调不得过度收集个人信息，确保信息主体的知情同意是处理其个人信息的前提条件。

在实际操作中，融媒体新闻工作者必须遵守这些法律法规，确保其采集、存储、使用和分享个人信息的过程符合法律规定。这包括但不限于，在进行采访或调查时，需事先获得受访者的明确同意，告知他们所收集信息的目的、范围以及可能的用途；同时，媒体机构还需采取技术措施保障信息安全，防止未经授权的访问、泄露或滥用。此外，当涉及跨国界的数据传输时，还要考虑不同国家和地区间隐私保护标准的差异，确保遵循最严格的合规要求。

2. 新闻报道中个人数据处理的原则

融媒体新闻报道中的个人数据处理应严格遵循一系列指导原则，以确保既能够有效挖掘新闻素材，又能充分尊重和保护个人隐私。首要的是合法性原则，即所有涉及个人数据的处理活动都必须依据现行法律进行，未经法律授权或信息主体同意不得擅自获取、使用或公开任何个人信息。透明度原则也是不可或缺的一部分，它要求媒体在处理个人数据前向信息主体清晰说明数据的用途、保存期限及相关权利，使公众了解自己的信息将如何被利用。

目的限制原则强调，收集到的个人数据仅可用于最初声明的目的，若需改变用途，则需再次征得信息主体的同意。最小化原则指出，媒体应只收集完成特定任务所需的最少数量的信息，避免不必要的数据积累，从而降低数据泄露风险。准确性原则则确保所使用的个人信息始终保持最新状态，一旦发现错误应及时更正，以保证报道内容的真实性和可靠性。最后，安全保障原则要求媒体机构实施适当的技术和管理措施来保护个人数据免受意外或非法破坏、丢失、更改、披露或访问，这包括采用加密技术、定期审查安全策略和培训员工提高隐私保护意识等措施。通过贯彻上述原则，融媒体新闻行业可以在满足公众知情权的同时，最大限度地减少对个人隐私的侵犯，构建一个健康、可持续发展的媒体生态环境。

（二）平衡公共利益与个人隐私

1. 公众人物隐私权的界限

在融媒体新闻报道中，公众人物隐私权的界限是一个复杂而微妙的问题。公众人物由于其社会地位和影响力，其部分私人生活可能被视为公共利益的一部分，因而其隐私权的保护范围相对较小。然而，这并不意味着公众人物的个人隐私可以无限制地被侵犯。新闻报道在涉及公众人物隐私时，应严格遵循必要性原则，即信息必须是公众需要知情的，且对公共利益的促进有直接关联。同时，报道应避免无端窥探和传播与公共利益无关的私人信息，以尊重公众人物的基本人权。在这一过程中，媒体需在揭露真相和维护个人隐私之间找到平衡点，确保新闻报道的合法性和道德性。

2. 普通公民隐私保护措施

对于普通公民而言，其隐私权的保护在融媒体新闻报道中尤为重要。由于普通公民不具备公众人物的社会影响力，其私人生活不应成为新闻报道的对象，除非其行为与公共利益有直接关联。因此，新闻报道在采集和使用普通公民的信息时，应采取更为严格的保护措施。这包括在报道前进行充分的隐私影响评估，确保信息的采集和使用符合法律法规；在报道中采取匿名化处理，隐去不必要的个人信息；以及在报道后对可能产生的隐私侵害进行及时补救。通过这些措施，融媒体新闻机构能够有效保护普通公民的隐私权，维护其个人尊严和生活安宁，同时确保新闻报道的公正性和社会责任。

二、名誉权维护与新闻伦理

（一）真实性和公正性原则

1. 报道准确性的要求

报道准确性对于融媒体环境下的新闻工作至关重要，它不仅关乎新闻机构的信誉，也直接影响到个人和社会群体的名誉权益。在一个信息快速流动且易于扩散的世界里，任何不准确的信息都可能迅速引发连锁反应，导致不可预见的社会后果。因此，新闻工作者需严格遵循职业标准，致力于追求最高的准确度。从信息收集阶段开始，就要对资料来源进行细致甄别，优先选择权威、可靠的信源，并通过多方交叉验证的方式确保信息的真实性。在编辑环节中，要仔细审查内容，纠正可能存在的错误或遗漏，必要时可以咨询专家意见，以增加报道的专业性和可信度。此外，随着技术的发展，如大数据分析、人工智能辅助等手段也被应用于新闻生产过程，以提升信息处理效率和准确性。然而，技术的应用并不能完全替代人工审核的重要性，尤其是涉及敏感或复杂的议题时，更加需要人类记者的职业敏感和道德判断。一旦出现失误，新闻机构应及时公开承认并采取措施予以纠正，同时向受影响方道歉，努力将负面影响降到最低。为了实现长期的准确性承诺，新闻组织还可以建立内部质量控制机制，定期培训员工，鼓励自我监督和同行评议，从而不断优化报道流程，提高整体业务水平，以此保障每位公民的名誉权不受侵害。

2. 避免误导和偏见

在融媒体新闻实践中，避免误导和消除偏见是维护名誉权和践行新闻伦理不可或缺的部分。误导性报道往往源于信息不完整或解读失当，可能导致读者对事件产生错误理解，进而影响相关人员或团体的声誉。因此，新闻工作者在编写和发布内容前，必须进行全面的调查研究，确保所提供的信息是全面且经过深思熟虑的。同时，要特别警惕那些看似合理但实际上缺乏足够证据支撑的观点，防止无意间成为谣言传播的推手。偏见则是另一种潜在威胁，它可能源自记者个人的价值观、文化背景或者情感倾向，如果不加以控制，很容易在报道中体现出来，破坏了公平公正的原则。为了避免这种情况发生，记者在处理敏感话题时，应该保持开放的心态，倾听不同利益相关者的意见，力求呈现多元视角，让公众能够基于充分的信息作出自己的判断。另外，媒体机构自身也需要建立健全的编辑方针和操作规程，规范采编人员的行为准则，加强职业道德教育，促进整个行业形成尊重事实、摒弃偏见的良好风尚。最后，透明度同样重要，即公开说明信息获取途径及编辑决策过程，使受众了解新闻背后的工作逻辑，增强他们对媒体的信任感。通过上述措施，融媒体时代的新闻报道才能真正做到既保护了个人和集体的名誉权，又体现了高度的社会责任感。

（二）诽谤与不实报道的法律责任

1. 构成诽谤的条件

在新闻报道中，诽谤是指通过公开传播的方式，对他人进行不实指控或贬低其声誉的行为。构成诽谤的条件通常包括以下几点：首先，存在明确的指向性，即报道中的不实内容能够被特定对象识别；其次，内容具有虚假性，即报道中的陈述与事实不符；再次，存在公开传播的事实，即不实内容已被广泛散布；最后，造成了受害人的社会评价降低，即不实内容对受害人的名誉造成了实际损害。在融媒体环境下，由于信息传播速度快、范围广，诽谤行为的影响被放大，因此，对于新闻报道的真实性和准确性要求更为严格。

2. 不实报道的法律后果

不实报道的法律后果是融媒体新闻报道中不可忽视的重要问题。一旦报道被认定为不实，新闻机构及其相关责任人员可能面临法律责任。这些后果包括但不限于：民事责任，如赔偿受害人因名誉受损而产生的经济损失和精神损害；行政责任，如由新闻出版主管部门对新闻机构进行行政处罚，包括警告、罚款、暂扣或吊销许可证等；刑事责任，如在情节严重的情况下，涉事人员可能因诽谤罪被追究刑事责任。因此，融媒体时代的新闻从业者必须恪守新闻伦理，确保报道的真实性和公正性，避免不实报道带来的法律风险，维护良好的新闻传播秩序。

第三节　融媒体新闻报道的合规性与法律责任

一、确保新闻报道符合法律法规

（一）遵守国家法律法规

1. 相关法规概述

融媒体新闻报道的版权与法律问题复杂多维，尤其在确保新闻报道符合法律法规方面，国家出台了一系列法规来规范媒体行为，维护公共利益。《中华人民共和国著作权法》明确了作品的版权归属及使用规则，融媒体环境下的新闻作品同样适用此法，它不仅保护了原创作者的权利，也设定了他人使用这些作品时应遵循的原则。同时，《互联网信息服务管理办法》对在线内容传播提出了要求，包括但不限于不得制作、复制、发布、传播含有法律、行政法规禁止的内容的信息。此外，《网络安全法》强调了信息安全的重要性，对于融媒体平台而言，必须保证用户数据的安全性和隐私性。而《广告法》则规定了广告信息的真实性和合法性，融媒体新闻中涉及的商业推广内容亦需严格遵守。综上所述，融媒体新闻从业者必须深入理解并严格执行上述法规，以确保新闻报道的合法合规。

2. 合规操作指南

融媒体新闻报道中的合规性不仅依赖于对现有法律法规的理解，

更需要一套行之有效的内部操作指南来指导日常实践。媒体机构应当建立完善的版权管理制度，明确规定原创内容的创作流程和第三方内容的授权使用方式，确保所有素材来源清晰、合法。在编辑审核环节，要设立严格的审查机制，防止任何违法不良信息进入公众视野，并且要加强对敏感话题和争议性内容的预判能力，避免因不当报道引发法律纠纷。另外，针对快速发展的数字技术，如人工智能生成内容或区块链技术用于版权认证等新兴领域，媒体组织应及时跟进学习，更新自身的管理措施和技术手段，以适应不断变化的法律环境。最后，通过定期培训提升员工的法律意识和职业素养，鼓励从业人员积极履行社会责任，共同构建健康有序的融媒体生态。

（二）行业自律与规范

1. 行业标准制定

在融媒体时代，新闻报道的合规性是保障其健康发展的基石。为了确保新闻报道符合法律法规，行业标准的制定显得尤为重要。行业标准不仅是对法律法规的细化和补充，更是对新闻从业者职业道德和操作规范的明确指引。这些标准应涵盖新闻采集、编辑、发布等各个环节，包括对新闻来源的核实、对报道内容的审核、对敏感信息的处理等方面。通过行业标准的制定，可以建立起一套统一的操作框架，为新闻机构提供明确的行动指南，从而有效避免违法行为的发生，提升新闻报道的整体质量。同时，行业标准的制定过程应充分吸纳业内专家、法律顾问和一线新闻工作者的意见，确保其科学性、合理性和可操作性。

2. 自我监管机制

除了行业标准的制定，自我监管机制是确保新闻报道合规性的另一重要手段。自我监管机制要求新闻机构内部建立一套完善的监督体系，包括但不限于设立独立的审核部门、实施稿件三级审核制度、建立舆情监测和应急响应机制等。通过这些措施，新闻机构能够对新闻报道的全过程进行有效监控，及时发现并纠正潜在的问题。此外，新闻机构还应定期对从业人员进行合规培训，提高其法律意识和职业道德水平，确保每一位新闻工作者都能够自觉遵守法律法规和行业规范。自我监管机制的建立和运行，不仅有助于维护新闻报道的合规性，也是新闻机构履行社会责任、提升公众信任度的关键所在。

二、融媒体新闻工作者的法律责任

（一）记者编辑的法律意识培养

1. 法律知识培训

融媒体新闻工作者在履行其职责时，必须深刻认识到自身行为的法律边界。随着媒体融合的发展，新闻报道不再局限于传统的纸媒或电视广播，而是跨越了多种平台和技术形式，这使得版权、隐私权、名誉权等法律议题更加复杂。为了确保新闻工作者能够合法合规地进行新闻生产，系统的法律知识培训不可或缺。培训内容应当覆盖广泛的法律法规，包括但不限于《中华人民共和国著作权法》《互联网信息服务管理办法》以及《网络安全法》等，这些法规直接关系到新闻作品的创作、传播和使用。通过深入学习相关法律条文及其解释，记者编辑可以更好地理解如何在日常工作中避免侵权行为，同时保护自身和所在机构免受不必要的法律责任。此外，针对不断更新的法律法规和技术发展带来的新挑战，如人工智能生成内容的版权归属问题，培训应保持灵活性和前瞻性，定期更新课程内容以反映最新的法律动态。这种持续性的教育有助于建立一个具备高度法律敏感度的专业团队，使他们能够在快速变化的媒介环境中做出准确判断，从而保障融媒体新闻工作的合法性与专业性。

2. 专业素养提升

融媒体新闻工作者不仅需要掌握扎实的法律知识，还应不断提升自身的专业素养，以适应日益复杂的新闻环境。专业素养的提升不仅仅体现在技术技能上，更重要的是培养一种基于法律框架内的职业道德和社会责任感。新闻工作者应当遵循客观公正的原则，确保信息的真实性和准确性，避免误导公众。在这个过程中，他们要学会运用批判性思维来评估信息源的可靠性，并对所报道的内容负责。特别是在处理敏感话题或涉及个人隐私的信息时，更需谨慎行事，尊重当事人的权利。另外，随着社交媒体和网络平台成为重要的信息传播渠道，新闻工作者还须具备良好的数字素养，熟练掌握数据分析工具和多媒体制作软件，以便高效地生产和分发高质量的内容。同时，加强跨学科的知识积累，例如了解基本的计算机科学原理，可以帮助他们更好地理解和应对新兴技术带来的法律和伦理挑战。最后，鼓励从业者参与同行间的交流与合作，分享经验和最佳实践，共同推动整个行业的健康发展，为社会提供有价值且负责任的新闻服务。

（二）侵权行为及防范措施

1. 常见侵权类型

在融媒体新闻报道实践中，新闻工作者可能涉及的侵权行为主要包括版权侵权、隐私权侵权和名誉权侵权。版权侵权通常指未经授权使用他人作品，如文字、图片、音频和视频等；隐私权侵权则是指未经同意披露他人私人信息，尤其是普通公民的个人信息；名誉权侵权则是指发布不实信息，损害个人或组织的声誉。这些侵权行为不仅侵犯了当事人的合法权益，还可能对新闻机构的公信力和法律地位造成负面影响。因此，新闻工作者在报道过程中应充分认识到这些侵权行为的严重性，并采取相应的防范措施。

2. 预防侵权策略

为有效预防侵权行为，融媒体新闻工作者应采取一系列策略。首先，加强法律法规和新闻伦理的教育培训，提高新闻工作者的法律意识和职业道德水平，确保其在报道中能够自觉遵守相关法律法规。其次，建立健全的新闻审核制度，对稿件进行严格把关，确保内容真实、合法，避免侵犯他人权益。再次，对于使用第三方内容，必须确保获得合法授权，对于可能涉及隐私权和名誉权的内容，应进行谨慎处理，如进行匿名化处理或征求当事人同意。最后，新闻机构应制定应急预案，一旦发生侵权行为，能够迅速采取措施予以纠正，并对外公开道歉，尽可能减少对当事人的损害。通过这些预防策略，融媒体新闻工作者能够有效降低侵权风险，保障新闻报道的合规性和社会责任。

第九章　融媒体新闻报道的商业模式探索

第一节　融媒体新闻报道的盈利模式

一、内容付费与增值服务

（一）订阅模式

1. 个人用户订阅

随着数字化转型的加速，传统媒体纷纷转向在线平台提供服务，内容付费逐渐成为一种趋势。对于个人用户而言，订阅高质量、专业的新闻报道能够满足他们对信息深度和广度的需求，尤其是在面对海量信息时，经过编辑筛选和专业解读的内容显得尤为珍贵。融媒体平台通过构建多元化的订阅套餐，如月度或年度会员制，不仅提供了基础的新闻阅读权限，还附加了诸如无广告浏览、独家内容访问、优先获取最新资讯等特权，这些增值服务增强了用户的黏性和忠诚度。此外，个性化推荐算法的应用，使得平台可以根据用户的兴趣偏好推送定制化的内容，进一步提升了用户体验。同时，为了吸引并留住用户，媒体机构还会不定期推出限时优惠活动或者联合其他服务提供商提供跨界福利，例如与金融机构合作发行联名信用卡，持卡人可享受特定折扣或额外奖励积分。这种跨行业合作的方式不仅拓宽了收入来源，也促进了不同领域之间的资源共享与互利共赢。

2. 团体或企业订阅

团体或企业的订阅模式为融媒体新闻报道带来了稳定的收入流，并且有助于深化媒体与商业伙伴之间的合作关系。对于大型组织来说，统一采购新闻信息服务可以有效降低成本，同时也保证了内部员工获取及时准确的信息资源。融媒体平台针对这类客户群体设计了专门的企业级解决方案，包括但不限于按需定制的内容库、专属客服支持以及数据安全协议等。企业订阅往往涉及更复杂的需求，比如行业动态追踪、政策法规解读、市场趋势分析等内容，因此融媒体需要具备强大的数据分析能力和精准的内容生产能力，以确保提供的资讯符合企业的实际需求。另外，一些融媒体平台还开发了内部通信工具或知识管理系统，允许企业在平台上创建私有空间，用于分享内部文件、组织在线会议等活动，这大大增加了服务的价值。更重要的是，通过长期稳定的合作关系，融媒体不仅可以获得持续的订阅费用，还能借助企业的影响力拓展品牌知名度，进而吸引更多的潜在用户加入订阅行列，形成良性循环的发展态势。

（二）独家内容提供

1. 深度报道

在融媒体背景下，深度报道成为新闻报道盈利模式的重要一环。深度报道通过对新闻事件的全面剖析、深入挖掘，为用户提供独家、有价值的资讯。这种报道形式不仅满足了用户对新闻真相的探求，还提升了新闻报道的附加值。深度报道的撰写往往需要记者具备较高的专业素养和敏锐的洞察力，通过对海量信息的筛选、整合，呈现出新闻事件的多维度面貌。在此基础上，媒体机构可根据深度报道的内容特点，设置付费阅读门槛，实现内容变现。同时，深度报道的品牌效应有助于提高用户黏性，进一步拓展盈利空间。

2. 特别策划

特别策划是融媒体新闻报道盈利模式的另一重要组成部分。它以独特的视角、创新的形式，针对特定主题进行全方位、多角度的报道。特别策划具有以下特点：一是话题性强，能够引发广泛关注；二是形式多样，包括图文、视频、H5 等多种呈现方式；三是互动性强，鼓励用户参与，提高用户参与度。通过特别策划，媒体机构可以在短时间内聚集大量关注，提升品牌影响力。在此基础上，媒体可以借助广告植入、品牌合作等方式实现盈利。同时，特别策划的成功案例可为其他新闻报道提供借鉴，进一步优化融媒体新闻报道的商业模式。

二、合作与联盟

（一）媒体间合作

1. 内容共享

内容共享指的是不同媒体机构之间基于协议或联盟形式，互相授权使用彼此的内容资源。这种方式不仅拓宽了新闻报道的广度和深度，还能有效降低单个媒体的成本支出。对于参与共享的各方而言，可以获得来自其他成员的独特视角和专业领域的深入分析，从而丰富自身的内容库，提高读者满意度。同时，内容共享促进了信息流通的效率，特别是在突发事件或大型活动报道中，各媒体可以即时获取第一手资料，确保报道的时效性和准确性。此外，这种合作模式有助于打破传统媒体与新媒体之间的界限，促进跨平台传播，使优质内容得到更广泛的受众覆盖。值得注意的是，成功的合作依赖于建立透明、公平的合作机制，包括明确版权归属、收益分配原则以及争议解决办法等，在保障所有参与者权益的同时激发合作潜力。

2. 资源整合

资源整合是融媒体时代下媒体间合作深化的重要体现，它涉及技术设施、人力资源、市场渠道等多个层面的协同运作。通过将各自拥有的优势资源进行优化配置，合作媒体能够创造出超越单一机构能力的新价值。例如，在技术方面，拥有先进技术平台的媒体可以为合作伙伴提供数据分析、用户画像构建等服务，帮助后者提升精准营销水平；而在人力资源上，联合培养项目能增强从业人员的专业技能和服务意识，推动行业整体素质的提升。市场渠道的整合则意味着共同开拓新的广告客户群体，或者联手推出订阅产品，扩大收入来源。更重要的是，资源整合还体现在品牌影响力上的相互借力，即通过联合策划大型专题报道或举办线上线下互动活动等方式，强化品牌形象，吸引更多关注。为了保证资源整合的有效性，需要构建一个灵活且高效的沟通协调机制，确保各方目标一致，行动同步，最终实现资源共享效益的最大化。

（二）跨行业联盟

1. 与科技公司合作

在融媒体新闻报道的商业模式探索中，与科技公司的跨行业联盟成为一种创新趋势。这种合作模式通过整合媒体内容创作的能力与科技公司的技术优势，共同开发出符合市场需求的新型新闻产品和服务。例如，媒体机构可以借助人工智能、大数据分析等前沿技术，提升新闻采集、编辑和分发的效率，实现个性化内容推荐，增强用户体验。科技公司则可以通过与媒体的合作，将其技术解决方案应用于新闻领域，进一步拓展市场。这种跨界合作不仅促进了新闻报道方式的革新，也为双方带来了新的盈利点，如基于数据分析的广告精准投放、定制化内容服务等，从而在竞争激烈的市场中占据有利地位。

2. 与金融机构合作

融媒体新闻报道的跨行业联盟还体现在与金融机构的深度合作上。这种合作模式通过结合金融机构的资金实力和风险管理能力，以及媒体的传播力和内容生产能力，共同打造金融信息服务产品。例如，媒体可以提供专业的金融新闻报道，同时利用金融机构的数据资源，开发财经资讯、市场分析等高端内容，满足专业投资者的需求。金融机构则可以通过合作，提升品牌知名度，扩大客户基础，同时利用媒体的传播渠道进行产品推广和市场教育。这种合作不仅为用户提供了更加丰富和专业的金融信息，也为媒体和金融机构创造了新的收入来源，如金融产品销售佣金、财经内容订阅费等，实现了多方共赢的局面。

第二节 融媒体广告与品牌合作的新模式

一、精准营销与大数据应用

（一）用户画像构建

1. 数据收集与分析

在融媒体环境中，精准营销的基石在于对用户数据的有效收集和深度分析。媒体平台通过多渠道的数据整合，包括但不限于网站浏览记录、移动应用使用行为、社交媒体互动以及线下活动反馈等，构建了一个庞大而详尽的数据池。这些数据来源广泛，涵盖了用户的个人信息、兴趣偏好、消费习惯乃至社交网络关系等多个维度。通过对这些海量数据进行清洗、分类和标注，可以为后续的高级分析提供坚实的基础。采用先进的数据分析技术和算法模型，如机器学习中的分类算法、聚类分析和关联规则挖掘等，能够揭示出隐藏在数据背后的模式和趋势。例如，利用协同过滤技术可以从相似用户的行为中推断个体偏好，进而实现个性化推荐。此外，时间序列分析有助于理解用户行为随时间的变化规律，从而预测未来的市场动向。同时，确保数据安全性和用户隐私保护是整个过程不可或缺的一部分，遵循 GDPR 等国际标准来指导实践操作，确保所有数据处理活动都在合法合规的前提下进行。综上所述，高效的数据收集与深入的分析能力为融媒体广告和品牌合作提供了科学依据，使得精准营销成为可能。

2. 用户行为追踪

用户行为追踪是实现精准营销的关键步骤之一，它依赖于持续的技术创新和细致入微的操作流程。融媒体平台通过部署各种跟踪工具和技术，如 cookies、像素标签、API 接口集成等，在不侵犯用户隐私的前提下，全面记录用户的在线行为轨迹。这些行为数据不仅包括页面点击、停留时间和滚动深度等基本交互动作，还包括搜索关键词、购物车添加和购买完成等更深层次的商业意图体现。通过将这些分散的行为片段串联起来，形成连贯的行为链，可以更加准确地描绘出用户的决策路径。更重要的是，结合实时数据流处理技术和事件驱动架构，融媒体平台能够即时响应用户的行为变化，动态调整内容推送策略和服务体验优化方案。例如，当检测到用户频繁访问某类产品信息时，系统可以自动触发相关的促销活动提醒或个性化的优惠券发放。这种基于行为追踪的营销方式极大地提高了营销活动的相关性和时效性，同时也增强了用户的参与感和忠诚度。总之，有效的用户行为追踪机制为融媒体环境下的广告投放和品牌合作创造了更具针对性和效果的营销场景。

（二）个性化推荐系统

1. 广告投放优化

在融媒体环境下，个性化推荐系统的应用为广告投放提供了前所未有的优化空间。该系统基于用户的行为数据、兴趣偏好和消费习惯，通过算法模型分析，实现广告内容的精准匹配。这种精准投放不仅提高了广告的触达效率，还显著增强了广告的转化率。广告主能够根据用户特征定制广告内容，确保广告信息传递给最有可能产生兴趣和购买行为的受众，从而减少了资源浪费，提升了广告预算的有效性。此外，个性化推荐系统还能实时反馈广告效果，为广告主提供数据支持，以便及时调整投放策略，实现广告效果的最大化。

2. 用户体验提升

个性化推荐系统在提升广告投放效率的同时，也极大地优化了用户体验。系统通过分析用户的互动行为和内容偏好，为用户推荐相关性更高的广告内容，减少了无关广告的干扰，提升了用户浏览的舒适度。这种基于用户需求的广告推送方式，使得广告不再是单一的信息推送，而是成为用户获取有用信息的一部分，从而增强了用户对广告内容的接受度。同时，个性化推荐系统还能根据用户的反馈进行自我学习和调整，不断优化推荐算法，确保用户在融媒体平台上的每一次互动都能得到更好的体验。这种用户体验的提升，不仅增强了用户对平台的忠诚度，也为广告主创造了更高的品牌价值。

二、互动广告与用户体验

（一）增强现实（AR）和虚拟现实（VR）技术的应用

1. 创新广告形式

增强现实（AR）和虚拟现实（VR）技术的应用正在重塑融媒体广告的形态，为品牌提供了前所未有的创意空间。通过融合数字信息与物理世界，AR/VR 技术使广告不再局限于静态或动态的二维展示，而是能够创建出沉浸式的三维体验。例如，在家居装饰行业，消费者可以利用手机摄像头扫描房间，即时在自己的生活空间中预览家具摆放效果；汽车制造商则可以通过 VR 平台让用户体验到驾驶新款车辆的感觉，无须实际到场。这种新型广告形式不仅打破了传统媒体的时空限制，还极大地丰富了品牌的表达方式。同时，AR/VR 技术支持下的互动元素，如用户自定义内容、场景切换以及实时反馈等功能，使得广告活动更加个性化和针对性强。更重要的是，借助这些先进技术，品牌商能够收集更为详尽的用户行为数据，从而优化后续营销策略。综上所述，AR/VR 技术驱动的创新广告形式正逐步成为融媒体环境下吸引受众注意力、提升品牌形象的有效工具，为广告业注入了新的活力。

2. 提升用户参与感

AR 和 VR 技术在融媒体广告中的应用显著提升了用户的参与度，将传统的被动观看转变为互动式的主动探索。用户不再是单纯的信息接收者，而是成为广告故事的一部分，这种转变极大增强了他们对品牌的认同感和记忆点。通过精心设计的 AR/VR 体验，品牌可以引导用户深入参与到特定情境中，比如参加一场虚拟时装秀，或是作为主角进入一个由品牌构建的故事世界。这样的互动体验不仅能让用户更深刻地感受到产品或服务的独特魅力，而且还能激发他们分享自身经历的热情，进而形成口碑传播效应。此外，AR/VR广告往往具备高度的社会化属性，支持多人在线协作或竞争模式，进一步促进了社交网络上的二次传播。值得注意的是，为了确保最佳的用户体验，开发者必须关注技术实现的流畅性、内容的质量以及与目标群体兴趣爱好的匹配度，只有这样才能真正发挥AR/VR技术的优势，实现商业价值的最大化。

（二）社交平台上的互动广告

1. 病毒式传播

在融媒体时代，社交平台上的互动广告凭借其独特的病毒式传播机制，成为广告创新的重要领域。这种广告形式利用用户之间的社交网络，通过趣味性、话题性或情感共鸣的内容，激发用户的分享欲望，使得广告信息像病毒一样迅速扩散。病毒式传播的广告不仅能够短时间内覆盖广泛的受众群体，而且由于其传播方式通常是由用户自发分享，因此具有较高的可信度和接受度。这种传播模式的核心在于创意内容的制作，它需要广告创作者深入洞察目标受众的心理，设计出能够触动人心、引发共鸣的广告内容，从而实现广告效果的最大化。

2. 社区活动赞助

社区活动赞助是社交平台上互动广告的另一种表现形式，它通过赞助用户社区内的活动，将品牌形象与用户兴趣紧密结合，从而提升品牌知名度和用户参与度。这种模式通常涉及品牌与社交平台上的兴趣小组、论坛或特定主题社区的合作，通过赞助相关活动，品牌不仅能够直接与目标消费者进行互动，还能借助活动的热度提升品牌曝光度。社区活动赞助的优势在于其能够创造一个与用户深度互动的环境，让用户在参与活动的过程中自然地接受品牌信息，这种软性植入的广告方式更加符合社交平台的用户体验，能够在不破坏用户社交体验的前提下，实现品牌价值的有效传递。

第三节　融媒体新闻报道的用户付费机制

一、付费墙与免费内容平衡

（一）硬性付费墙

1. 完全付费访问

融媒体新闻报道中实施硬性付费墙策略，即完全付费访问模式，意味着所有内容均需用户支付费用后方能获取。这种模式旨在通过高质量、独家的内容吸引特定读者群体，为媒体机构提供稳定的收入来源。在实践中，完全付费访问有助于维护内容的纯净度和专业性，减少广告干扰，从而提升用户体验。同时，它也鼓励了深度报道和调查性新闻的发展，因为这类高成本、长时间投入的内容往往难以通过传统广告支持的方式维持。对于订阅者而言，他们可以获得无广告打扰的阅读环境，并享受更加个性化和定制化的服务。此外，媒体可以通过分析付费用户的偏好来优化内容生产和分发策略，进一步提高用户满意度。然而，完全付费访问也可能限制受众范围，尤其是那些对价格敏感或习惯于免费获取信息的潜在读者。因此，成功的关键在于媒体能否持续产出具有不可替代价值的内容，以及是否能建立有效的市场推广机制，以确保足够的订阅基数支撑商业模式的可持续发展。

2. 高价值内容锁定

高价值内容锁定是硬性付费墙策略中的核心组成部分，强调将最具吸引力和独特性的新闻资源置于付费专区之内。这类内容通常包括但不限于深入分析、独家专访、数据驱动的研究报告等，它们不仅体现了媒体的专业水准，而且能够满足特定用户群体的知识需求和兴趣点。通过这种方式，媒体机构可以有效区分普通内容与精品内容，为愿意投资高质量信息的用户提供增值服务。锁定高价值内容还促进了知识经济时代下版权保护的重要性，确保创作者得到应有的回报，激励更多优质内容的产生。值得注意的是，为了保持用户的忠诚度，媒体必须不断更新和丰富付费区内的内容库，同时也要注重用户体验设计，如简化注册流程、提供便捷的支付选项等。另外，适当的透明度也是必要的，让用户清楚了解自己所获得的价值所在，进而增强信任感。最终，成功的高价值内容锁定策略依赖于精准的内容定位和高效的用户关系管理，这将有助于构建一个既有利于媒体又惠及读者的双赢生态系统。

（二）软性付费墙

1. 限制性免费内容

在融媒体新闻报道的用户付费机制中，软性付费墙通过提供限制性免费内容，巧妙地平衡了内容的开放性与商业利益。这种模式允许用户在一定范围内免费访问部分内容，例如文章摘要、视频预告或基础新闻资讯，而将完整报道、深度分析和独家访谈等高质量内容置于付费墙后。这种策略既能够吸引新用户访问和了解媒体品牌，又能够激发用户对更深入内容的兴趣，从而促使用户转化为付费订阅者。限制性免费内容的设置需要精细化管理，确保免费部分足够吸引用户，同时保持付费内容的独特价值，以此维持用户对付费订阅的认同感和支付的意愿。

2. 订阅激励策略

订阅激励策略是软性付费墙的重要组成部分，它通过提供各种激励措施，鼓励用户从免费读者转变为付费订阅者。这些策略可能包括订阅优惠、会员专属活动、积分奖励、赠品赠送等，旨在降低用户的付费门槛，提高用户的订阅意愿。例如，媒体可以推出限时折扣、捆绑套餐或针对学生、老年群体的特殊优惠，以及为长期订阅者提供额外服务或内容。订阅激励策略的有效实施，不仅能够增加订阅用户的数量，还能够提升用户的忠诚度和活跃度，从而为融媒体新闻报道的可持续发展提供稳定的收入来源。通过这种策略，媒体能够在维护内容质量的同时，构建起一个健康且可持续的商业模式。

二、打赏与众筹模式

（一）读者打赏

1. 单次打赏

在融媒体新闻报道的用户付费机制中，单次打赏为读者提供了一种灵活且直观的方式，以表达对特定内容或记者工作的认可。这一模式允许读者根据个人喜好和经济能力选择性地给予小额支付，这不仅增强了新闻生产者与消费者之间的直接联系，也促进了优质内容的持续产出。单次打赏通常通过简便易用的在线平台实现，例如集成于新闻网站或移动应用中的打赏按钮，它使得打赏过程快捷而不具侵入性，不会打断用户的阅读体验。对于媒体机构而言，这种即时反馈机制有助于评估文章或专题的受欢迎程度，并据此调整编辑策略，确保资源的有效配置。此外，单次打赏还可能成为独立记者或小型媒体组织的重要收入来源，帮助他们在竞争激烈的市场环境中维持运营并发展业务。值得注意的是，为了鼓励更多的读者参与打赏，媒体需要不断提升内容质量，同时也要透明化资金使用情况，让支持者了解他们的贡献如何被用于改进新闻服务。通过这种方式，单次打赏不仅能为创作者带来额外收益，更能构建起一个基于信任和支持的良性循环体系。

2. 持续支持计划

持续支持计划作为融媒体新闻报道用户付费机制的一部分，旨在建立一种更加稳定和长远的资金流，以保障高质量新闻内容的可持续发展。不同于单次打赏的临时性和随机性，持续支持计划要求用户承诺在一个固定的时间段内定期支付一定金额，从而形成一个可预测的收入来源。这对于长期项目、深度调查或特别报道尤为重要，因为这些内容往往需要更多时间和资源投入，而持续的支持能够提供必要的经济保障。媒体机构可以通过设立不同层级的支持方案，满足不同层次读者的需求，从基本的支持者到高级会员，每个层级都附带相应的特权和服务，如优先获取独家内容、参与线下活动或是获得限量版纪念品等。这样的设计不仅可以增加用户的黏性和忠诚度，还有助于打造一个活跃的社区氛围。更重要的是，持续支持计划促使媒体更加关注忠实用户的声音，增强与他们的互动交流，确保所提供的内容和服务始终贴合目标群体的兴趣和期望。最终，这种模式有助于构建一个健康发展的新闻生态系统，其中媒体和受众共同成长，相互成就。

（二）项目众筹

1. 特定报道资助

在融媒体新闻报道的用户付费机制中，项目众筹作为一种创新的资金筹集方式，为特定报道的深度挖掘和持续发展提供了新的可能性。特定报道资助模式允许媒体机构针对某一重要或特殊题材的报道，通过众筹平台向公众发起资金募集。这种模式不仅能够缓解媒体在资金上的压力，还能够增加报道的公众参与度和透明度。资助者通常对报道主题有较高的兴趣或认同，他们的支持不仅是对媒体报道的财务资助，更是对报道价值和意义的认可。通过这种方式，媒体可以更专注于内容的制作和质量提升，同时建立起与受众的深度联系，形成一种基于共同价值的合作关系。

2. 公益性质众筹

公益性质众筹在融媒体新闻报道中的应用，体现了媒体的社会责任和公众利益导向。这种众筹模式通常用于支持那些旨在推动社会进步、揭露社会问题或倡导公共政策的新闻报道。公益性质众筹不仅能够为这类报道提供必要的资金支持，还能够吸引更多关注社会问题的公众参与其中，从而扩大报道的社会影响力。在这种模式下，媒体机构往往与非政府组织、慈善机构或其他社会团体合作，共同推动项目的实施。众筹的成功不仅取决于报道的公益价值，还依赖于媒体机构的公信力和项目推广能力。通过公益性质众筹，融媒体新闻报道不仅能够实现经济上的自给自足，更能够在社会层面上发挥其应有的作用，促进社会公正和民主进程。

参考文献

[1] 李洪林. 融媒体环境下电视新闻报道的创新与发展 [J]. 电视指南, 2017 (11): 190.

[2] 柳邦坤. 媒体融合环境下的新闻报道创新 [J]. 新闻与写作, 2015 (3): 2.

[3] 陈栩. 融媒体下新闻报道传播形式的应用与创新 [J]. 传播力研究, 2024, 8 (6): 34 -36.

[4] 谈华伟, 杨涛. 重塑·超越·创造: 融媒体新闻报道的创新实践 [J]. 传媒, 2022 (16): 80 -82.

[5] 王华. 媒体融合背景下新闻报道如何创新 [J]. 青春岁月, 2023: 95 -97.

[6] 曹雉文. 融媒体背景下时政新闻报道创新路径探究 [J] . 2021 (23): 30 -31.

[7] 陈令军. 浅析融媒体环境下电视新闻报道的创新 [J]. 视界观, 2020 (22): 1 -2.

[8] 曹雉文. 融媒体背景下时政新闻报道创新路径探究 [J]. 科技传播, 2018 (23): 2.

[9] 张慧芳. 融媒体背景下新闻传播的创新路径 [J]. 卫星电视与宽带多媒体, 2023.

[10] 李静. 媒体融合背景下主流媒体重大主题报道创新研究 [D]. 郑州：郑州大学，2021.

[11] 陈冀. “纸上得来终觉浅 绝知此事要躬行”——增强新闻敏感浅谈 [J]. 媒体融合新观察，1998.

[12] 于卫亚；焦旭锋. 如何利用新媒体平台做好扶贫报道——以新华社互动 H5《致奋斗在脱贫战场上的你》为例 [J]. 传媒，2019 (21).

[13] 顾锦锦. 融媒体背景下主题新闻报道的创新与发展 [J]. 中国报业，2024 (1)：48 -49.

[14] 王晓静. 媒体融合背景下时政新闻报道创新策略 [J]. 中国报业，2023 (19)：68 -69.

[15] 赵连强. 媒体融合环境下新闻报道创新探索 [J]. 中国报业，2024 (2)：100 -101.

[16] 郭永伟，孙玉伟. 融媒体背景下主题新闻报道的创新与发展探析 [J]. 采写编，2023 (7)：15 -17.

[17] 郭亮. 基于融媒体背景下报社新闻报道的创新策略 [J]. 广告大观，2023 (12)：55 -57.

[18] 罗鸿雁，吴亚楠. 媒体融合背景下电视新闻报道创新分析 [J]. 电脑爱好者（普及版）（电子刊），2023：3253 -3254.

[19] 马义萍. 融媒体背景下报社新闻报道的创新策略 [J]. 传播力研究，2024，8 (19)：49 -51.

[20] 曾光. 媒体融合背景下电视新闻主题报道创新探索 [J]. 传播力研究，2023，7 (33)：1 -3.

[21] 鲁龄文. 融媒体时代新闻报道的创新发展路径 [J]. 传播力研究，2023，7 (25)：37 -39.

[22] 李瑜. 融媒体背景下新闻报道创新路径探析 [J]. 视界观, 2020.

[23] 林欣曈. 融媒体时代"新型技术"在电视新闻报道中的应用与创新 [J]. 传播力研究, 2021, 5 (7): 2.

[24] 贾臻 刘红星. 融媒体背景下报社新闻报道的创新策略 [J]. 卫星电视与宽带多媒体, 2022.

[25] 程崇. 融媒体环境下创新时政新闻报道实践与思考 [J]. 传媒论坛, 2018 (6): 2.

[26] 焦晓军. 基于融媒体背景下新闻报道创新发展的对策 [J]. 新闻传播, 2022 (6).

[27] 李晓霞. 浅谈融媒体时代的时政新闻报道创新方法 [J]. 读天下 (综合), 2019 (34): 1.

[28] 田川. 在媒体融合背景下创新新闻报道 [J] . 赤子, 2019 (21): 172.

[29] 璐敏, 新闻与传播.《内蒙古日报》"两会"报道融媒体产品研究 [D]. 呼和浩特: 内蒙古大学, 2025.

[30] 张鸣婉. 全国"两会"融媒体报道研究 (2016 - 2020) 以《人民日报》为例 [D]. 大连: 辽宁师范大学, 2021.

[31] 陆婕. 短视频新闻: 自媒体时代的"超级黑马" [J] . 2024.

[32] 梁若荷. 第七届军运会全媒体报道特点及持续效应研究 ——以新华网为例 [D]. 西安: 西安体育学院, 2021.

[33] 刘烨. 地方新闻网站发展战略研究——以湖南红网为例 [D]. 长沙: 湖南师范大学, 2025.

[34] 马奕. 融媒体下新闻报道传播形式的应用与创新 [J]. 新闻文化建设, 2023 (10): 36 - 38.

［35］苗苗．媒体深度融合背景下时政新闻报道的创新策略研究［J］．新闻世界，2022（4）：4.
［36］张晓丹．媒体融合背景下电视新闻主题报道的创新策略［J］．卫星电视与宽带多媒体，2023.
［37］赵参辉．媒体融合背景下电视新闻主题报道创新研究［J］．广告大观，2023（2）：58－60.
［38］杜旦主．融媒体环境下电视新闻报道的技术创新［J］．西部广播电视，2019（14）：2.
［39］张金辉．融媒体时代新闻报道的创新路径研究［J］．中国报业，2023（14）：172－173.
［40］董梅雪．媒体融合环境下新闻报道的创新探索［J］．卫星电视与宽带多媒体，2021（24）：2.
［41］赵潇．媒体融合背景下电视新闻报道工作的创新策略［J］．新闻文化建设，2022（19）：118－120.
［42］蔡珂珂．融媒体背景下电视新闻主题报道的创新［J］．记者观察（中），2021.
［43］刘言明，朱辰雨．融媒体时代下的技术创新——以新闻报道为例［J］．青春岁月，2017（20）：171－171.
［44］汪超．浅析融媒体下电视新闻报道的创新［J］．中文科技期刊数据库（全文版）社会科学，2021（12）：2.
［45］卓韫菊．媒体融合背景下的新闻报道如何创新［J］．西部广播电视，2020（11）：2.
［46］王琛晨．融媒体时代新闻采访报道创新发展与实践探索［J］．传播力研究，2019，3（28）：1.
［47］王爱武．融媒体时代新型技术在电视新闻报道中的应用与创新

[J]. 善天下, 2019 (24): 119－120.

[48] 冯建军. 融媒体背景下电视新闻报道创新策略研究 [J]. 传播力研究, 2018 (34): 1.

[49] 陈立锋. 融媒体环境下电视新闻报道的创新与发展 [J]. 西部广播电视, 2019 (17): 2.

[50] 马鹏. 解析媒体融合背景下新闻报道如何创新 [J]. 卷宗, 2019.

[51] 邢玉超. 融媒体环境下电视新闻报道的创新发展路径探索 [J]. 记者观察 (下), 2019 (12): 1.

[52] 王莉. 浅谈融媒体时代新闻报道的创新与发展 [J]. 西部广播电视, 2018 (22): 2.

[53] 黄益琨. 媒体融合背景下新闻报道创新路径探索 [J]. 传播力研究, 2018 (25): 1.

[54] 王钰. 媒体融合环境下的新闻报道创新 [J]. 中国培训, 2016 (22): 1.

[55] 祁朝晖. 媒体融合背景下电视新闻报道创新研究 [J]. 中国报业, 2017 (3): 2.

[56] 徐舒, 王琨. 融媒体背景下主流媒体重大主题报道的创新实践 [J]. 今传媒, 2024.

[57] 刘灿萍. 融媒体时代重大主题报道的创新与实践 [J]. 军工文化, 2023 (2): 86－89.

[58] 刘皓. 探析媒体融合背景下新闻理论与实践的创新——以《人民日报》融媒体新闻产品为例 [J]. 传媒论坛, 2020, 3 (21): 2.

[59] 吴鸿波. 试论媒体融合背景下新闻理论与实践的创新——以

《人民日报》融媒体新闻产品为例［J］．东南传播，2019（1）：4.

［60］刘洁．媒体融合背景下重大主题报道创新路径探析［J］．新闻前哨．2025.